監修者――五味文彦／佐藤信／高埜利彦／宮地正人／吉田伸之

［カバー表写真］
祝いの着物「百歳祝着」

［カバー裏写真］
「喜寿の舞図」
（長谷川雪堤画）

［扉写真］
「宝引き」
（松川探龍画『近世農村四季図』部分）

日本史リブレット 92

江戸時代の老いと看取り

Yanagiya Keiko
柳谷慶子

目次

①――老いへのまなざし

映画「たそがれ清兵衛」の描写から

二〇〇二(平成十四)年に公開された映画「たそがれ清兵衛《せいべえ》」は、幕末《ばくまつ》の東北小藩を舞台に下級武士の家族愛と奉公《ほうこう》の悲哀を情感豊かに描いて、大きな反響を呼んだ。主人公の井口清兵衛は、御蔵役《おくらやく》をつとめる下級役人である。妻を長い闘病の末に亡くし、残された二人の幼い娘と耄碌《もうろく》の進んだ老母の世話をするために、夕刻に城勤めをおえると、酒の付合いなど一切断わって、家路へと急ぐ。そのため、口さがない同僚たちから、「たそがれどん」の渾名《あだな》で呼ばれている。

無精ひげをはやし、継ぎはぎだらけの着物をまとい、生活の疲労感のただよう清兵衛は、本家の伯父や同僚たちから、冷ややかな視線をあびることもある。だが清兵衛は、貧乏ではあっても、家族のいる暮しにしあわせを感じている。娘たちが日々成長していく姿には、親として見守る喜びがある。母の耄碌の進行も、老いの自然な姿として受け容れれば、気にやむほどのことではない。虫《むし》籠《かご》づくりの内職のかたわら、娘たちの手習いの話に聞き入り、母にいたわりの声をかける。

こうして物語の前半は、清兵衛が一家の長として、つつましく暮しを守りながら、子を養い、親の老いを支えるおだやかな月日を映しだす。そこには、人のまっとうな生き方とはなにかを問いかけるような場面がある。

一方、清兵衛は、小太刀《こだち》の名手でもあった。あるとき、別れた夫の酒乱と暴力に悩む幼なじみの朋江《ともえ》を助け、成りゆき上、その夫を死闘の末に打ち負かす。この噂《うわさ》が家老《かろう》の耳にはいり、藩に背いて屋敷に立てこもった剣豪余吾善右衛門《よごぜんえもん》を討ちとるようにとの命がくだる。物語の後半は、主君の命令で命をかけた決闘に赴く清兵衛の姿に下級武士の奉公の悲哀を浮かび上がらせる。清兵衛と余吾との壮絶な殺陣《たて》のシーンが、終盤の見どころとなっている。

『江戸時代の老いと看取り』と題した本書の冒頭で、映画「たそがれ清兵衛」を取り上げたのは、ここに映しだされた清兵衛の母と、その老いによりそう家族の姿に関心を向けたいからである。登場場面こそ少ないが、老耄《ろうもう》が進み、息子や孫たちに支えられて生きている清兵衛の母は、ひときわリアリティーを放って印象づけられる。それは私たちが、清兵衛の母の姿に身近な家族の老いの現実を重ねあわせてみているからであろう。だが実は、老母は原作には登場していない。周知のようにこの映画は、山田洋次の脚本・監督により制作された。原作は藤沢周平《ふじさわしゅうへい》の時代小説である。『たそがれ清兵衛』『竹光始末《たけみつしまつ》』『祝い人助八《ほとすけはち》』の三篇を題材として登場人物が設定され、ストーリーが組み立てられているが、いずれの小説も老母を描いていないのである。

下級武士の清兵衛が下城を告げる太鼓がなるや、ただちに帰り仕度をするという人物設定は、三篇の小説のうち、『たそがれ清兵衛』からとられている。ただし小説では、清兵衛が帰宅を急いだ事情は、妻が労咳《ろうがい》をわずらい、食事と介護の手を必要としていたからで、清兵衛は妻の療養費を稼ぐために、上意討《じょうい》ちを受けいれたのである。『竹光始末』は、主人公の浪人小黒丹十郎《こぐろたんじゅうろう》が二人の子どもをかかえ、生活のために刀を売ってしまい、小太刀で余吾との決闘に挑むという展開が映画に取り込まれた。『祝い人助八』は、妻を亡くした下級武士の助八が幼なじみの波津《はづ》と再会するが、やがて上意討ちを命じられる。このあらすじが映画の全体にいかされている。

このように、三篇の小説の主人公は、いずれも家族のいる下級武士であったり、浪人であるが、どの家族にも老母の姿はみあたらない。それぞれ老母がいなくても成り立つ物語ではある。一方、映画のほうは、清兵衛が「たそがれ清兵衛」たるゆえんの一つは、鰥《やもお》として老母の面倒をみていることにある。つまり映画は、小説の描いた愛妻物語の世界を、老母の介護物語につくりかえたといっても、過言ではないだろう。

原作と映画の背景

このつくりかえの背景にみておくべきは、現代日本の高齢化をめぐる状況の変化である。小説『たそがれ清兵衛』が刊行されたのは、一九八三(昭和五十八)年であった。これより一三年前の一九七〇(昭和四十五)年、日本は高齢化率▲七%を超え、国連の定める「高齢化社会」に突入していた。だが、この数値が一〇%を超える一九八〇年代半ばまで、高齢化は日本社会の大きな関心事とはならなかった。当時はいわゆる「日本型福祉社会」の政策のもとで、家族(女性)を福祉の受け皿として位置づける高齢者の在宅支援が進行していた時代である。一九七二(昭和四十七)年に有吉佐和子《ありよしさわこ》が痴呆《ちほう》の進む老人と彼に翻弄される家族の

▼**高齢化率**　六五歳以上人口が総人口に占める割合。日本の高齢化率は四・七%の最低値を記録した一九三五(昭和十)年以来、連続的に上昇し、二〇一〇(平成二十二)年には二三・一%となった(内閣府編『平成二三年版高齢社会白書』二〇一一年)。

姿を描いた『恍惚《こうこつ》の人』を発表し、翌年に映画化されて大きな話題を呼んでいたが、森繁久弥《もりしげひさや》の演じる老舅《ろうしゅうと》へのまなざしに比べると、仕事をもち、家事をこなしながら舅の介護に忙殺される嫁への関心は高くはなかった。嫁として舅の老いを看るのを当然とする家族観が支配的であっただけでなく、介護という言葉が生まれていない時代であった。

親の老後の心配が一部の人びとの問題とされる風潮は、一九八〇年代前半まで続いていた。藤沢周平の『たそがれ清兵衛』は、そうした時期にあって上梓された小説である。『竹光始末』(一九七五年発表)、『祝い人助八』(一九八八年発表)とともに、親の暮しが物語の外におかれているのは、高齢化に関心のおよばない時代状況を映しだしているともいえるのである。

だが、一九八〇年代半ばに高齢化率は一〇%を超え、その速度はさらに早まり、九四(平成六)年には国連が「高齢社会」と定義する一四%に上昇する。急速な高齢化の進行は、生産年齢人口の減少にともなう扶養財源の問題を明るみにした。一方、高齢化の進行は長らく家族のなかに隠されてきた、嫁を中心とする女性たちの介護労働の重さを社会問題として顕在化させた。核家族化が進行し、個々の家族と地域社会とのつながりが希薄化していく、家族と地域社会の機能低下を背景に、家族介護を基本とする「日本型福祉社会」の破綻は明らかとなり、介護の役割を社会化するシステムの検討が政治課題に上る。その方向性は公的介護保険の創設に向かい、二〇〇〇(平成十二)年に介護保険制度がスタートした。

映画「たそがれ清兵衛」が公開された二〇〇二(平成十四)年、日本人の平均寿命は男性は七八歳、女性は八五歳を超え、高齢化率は一八・五%に上っていた。誰にとっても、老後をどのようにすごすのか、その前に、親の老いをいかに支えるのかが、切実な問題となって迫ってきていた。こうした現実を背景に、家族の物語としての「たそがれ清兵衛」に、清兵衛の母は登場させるべき人物となり、老いを養われる姿がクローズアップされることになったのである。

江戸時代の長命化

映画「たそがれ清兵衛」には高齢化を突き進む現代日本のすがたが映しだされていることをみてきたが、一方、この映画は、江戸時代の家と家族の一つの側面をたしかに描きだしている。江戸時代は当主夫妻とその直系親族からなる家が広汎に成立して、社会の基礎単位となり、子どもの養育も看病も老いの看取りも、家の機能として家族により担われた時代である。清兵衛の母が、老いのさなかにあって孫娘たちにいたわられる姿には、当家の祖母として孫娘たちを慈《いつく》しみ育ててきた年月が反転している。さらに清兵衛の母は、その人生をさかのぼれば、当家の嫁となり、跡継ぎをもうけ、実直な家長《かちょう》に育てあげた、婚家《こんか》に対する長い奉公の年月が垣間みえる。長命にめぐまれたことと引きかえに、夫を見送り、嫁に先立たれる逆縁の悲しみを味わうことにもなったが、婚家の相続に貢献した人生のラストステージにあって、老いの身を家族に養われ、看取られているのである。

清兵衛が城勤めを終えるや、帰宅を急いだのは、看取りを協働する妻に先立たれ、男手一人で老母の面倒をみなければならなかった事情があった。だが、清兵衛の姿に映しだされているのは、それだけではない。家長として、子の養育に責任があり、さらに、親の老いを看取る責務があった。これを自覚しての行動であったとみるべきである。清兵衛の付合いの悪さを揶揄《やゆ》していた同僚たちにも、やがて、たそがれどきに家路に急がなければならない時期が訪れたはずである。

　徳川《とくがわ》氏の全国統一により二五〇年にわたる泰平《たいへい》の世が続いた江戸時代は、前代に比べて人びとの暮しははるかに安定的に営まれるようになった。十八世紀以降、社会全体の生産力が上がり、医療の恩恵にあずかる層が広がると、長寿の可能性は、身分・階層・地域・性別の格差を超えて拡大し、疱瘡《ほうそう》などで命を落とすことの多い幼児期を乗りきり、二〇歳まで生き延びた者であれば、六〇歳以上まで寿命を延ばせるようになった。飛驒国《ひだのくに》の寺院過去帳《じいんかこちょう》▲の分析によれば、江戸時代後期の二一歳以上の平均死亡年齢は、男性六一・四歳、女性六〇・三歳で、五一歳以上の人びとの享年は七〇歳を超えている(須田一九七三)。

　現代の平均寿命である八〇歳を超えて生きる者も、稀少とはいえない人数が存在している。盛岡藩の一六九七(元禄《げんろく》十)年九月の調査によれば、領内に七八〇人(男性三九四・女性三八六)の該当者がおり、さらに一〇〇歳以上の長寿者も、一二二歳を最高に女性三人が書き上げられている(『盛岡藩雑書《ざっしょ》』▲第六巻)。仙台藩で幕末に近い一八四九(嘉永《かえい》二)年の調査によれば、八〇歳以上の士分《しぶん》は六六人

▼寺院過去帳　檀徒死亡者の戒名・俗名・死亡年月日・享年・当家当代との関係などを記録した帳簿。

▼『盛岡藩雑書』　別名「盛岡藩家老席日記」。盛岡市中央公民館蔵。一六四四(正保《しょうほう》元)年から一八四〇(天保《てんぽう》十一)年まで一九七年間にわたる家老席の執務日記。家老席で事務的に処理した事項や評議決定事項、他機関から家老席への報告事項などを記す。

(男三五・女三二)おり、士分以外では百姓二五〇六人(男一二六六・女一二四〇)、凡下扶持人《ぼんげふちにん》▲八〇人(男三六・女四四)、修験《しゅげん》など三七人(男二〇・女一七)、社家《しゃけ》二人(男一・女一)、座当《ざとう》(盲人)二人(男一・女一)、町人《ちょうにん》四三人(男一九・女二四)などで、合計二七三六人にのぼっている(『源貞氏耳袋《みなもとさだうじみみぶくろ》』▲6)。長命化は人口の高齢化を引き起こし、十八世紀前期から十九世紀前期にかけて、時期的な変動はあるものの、それまで五%前後で推移していた六〇歳以上人口が一五%を超えるような村や町が、全国に広く出現していた。高齢化社会は現代日本にはじめて生まれた人口現象ではないのである。

　老いと折合いをつけながら長く生き延びる人びとがふえたことは、親や祖父母の老いの年代を長期にわたって支える家族がふえることにもなった。近年の歴史学研究は、幕府や藩による施策を含めて、江戸時代の「老い」と「看取り」をめぐる諸相を実態的に掘り起こしてきている。本書はそうした成果もふまえながら、老いを生き、寿ぎ、看取る、という観点から、いくつかの問題を取り上げ、論じてみたい。

▼**凡下扶持人**　士分でない下級家臣で、足軽《あしがる》・小人《こびと》・坊主などをいう。

▼**『源貞氏耳袋』**　東北大学附属図書館蔵。全一三巻。幕末から明治にかけて生きた仙台藩家臣の一人が幕臣根岸鎮衛《ねぎしやすもり》著『耳袋』に範を求めて書いたとされる。全国各地の出来事を記録するが、大半は仙台藩関係の記事で占められる。

●—図1　田植えの前の苗取り（『近世農村四季図』部分）

▼『農業図絵』　加賀藩の十村《とむら》役をつとめた土屋又三郎が一七一七(享保二)年、自身の代表作「耕稼《こうか》春秋《しゅんじゅう》」をもとに、年間の農時暦を農耕風俗をまじえながら絵図として描いた作品。『日本農書全集』第二六巻に詳細な分析と解題がある。

②—老いを生きる

老いて働く農民

家族労働で営む小農経営にあっては、女性も老人も子どもも、それぞれの労働能力に応じて働くことで、一家の生計を成り立たせていた。年老いて家督《かとく》を跡継ぎに譲り、公的な行事から身を退くことはあっても、農作業や家事からの隠退はなく、肉体労働を継続していたようすは、四季折々の農作業や年中行事など農村の風景を描写した、四季農耕図と呼ばれる図絵からうかがうことができる。

一七一七(享保《きょうほう》二)年、加賀《かが》藩の土屋又三郎《つちやまたさぶろう》が農時暦《のうじれき》を絵に描いた『農業図絵』▲を女性労働の視点から分析した長島淳子氏は、あわせて老人労働の多岐にわたる姿を拾いだしている(長島二〇〇六)。四月は畑の大豆《だいず》・小豆《あずき》・稗《ひえ》・粟《あわ》などの追肥《ついひ》と除草の作業、五月は刈りとられた大麦の運搬、小麦の刈取り、畑の稗苗の植場づくり、六月は藍《あい》の刈取り後の運搬、八月は収穫後の大唐稲《だいとういね》の運搬、九月は稲干し後の落穂拾いと箕《み》を使った米の精選を老母が担い、老人は蕎麦《わらむぎ》刈り後の運搬に従事、十二月には家内で老母が女性たちと石臼で粉挽きをするなど、年間を通じて農作業のさまざまな局面で、年老いた男女が携わる労働があった。いずれも女性や少年、子どもたちとともに担う姿がみいだされている。

それから一世紀後の一八四〇(天保《てんぽう》十一)年、松川《まつかわ》探籠によって描かれた『近世農村四季図』(図1)には、田植えの前の苗取りの場面に、腰をまげ、姉さんかぶりで作業をする老女が、若い女性とならんでみえる。秋の稲刈りの場面にも、嫁とおぼしき女性とならんで作業に精をだす老人の姿がある。瞬発力を要する耕起《こうき》作業や、代掻《しろか》きなど牛馬をあやつる重労働は、壮年の男性の担う仕事であったが、田植えの前作業や稲刈りなど、共同作業を要する繁忙期には、老人は貴重な労働力であった。

商品作物の生産現場でも、老人は女性や子どもとともに、それぞれの労働力に適した仕事を分担していた。出羽村山《でわむらやま》地方で生産された「最上紅花《もがみべにばな》」は全国的に知られた銘柄品である。最盛期の生産の実態を具象的に描いた『紅花絵巻』▲『紅花屏風《びょうぶ》』▲には、紅花の収穫から紅花餅《もち》の加工まで一連の生産工程に携わる農民家族のなかに、老人の姿が活写されている。早春の種蒔きのあと、夏の花

▼『紅花絵巻』　武田陽氏所蔵。絵師は不明。画面の右から左にかけて、花摘み、花もみ、水洗い等々、紅花の収穫から紅花餅の加工までのようすが描かれる。

▼『紅花屏風』　青山永耕《あおやまえいこう》(一八一七〜七九年)筆。永耕は出羽国村山郡六田《ろくた》村(現、山形県村山市)の住人で狩野《かのう》派の絵師。早春の種蒔きから花摘みの風景、紅花餅づくりと乾燥、仕入問屋の荷づくりから敦賀《つるが》港への入港の情景などを丹念に描く。

●──図２　紅花摘み(『紅花絵巻』部分)

●──表１　出羽国村山郡柴橋村の60歳以上農民の肩書き

年次			1734(享保19)	1761(宝暦11)	1837(天保８)	1844(天保15)	1849(嘉永２)
男性(人)	当主	60代	13	14	6	8	2
		70代	10	5	1	1	4
	祖父	80代			1		
	父	60代	1	2	2	1	3
		70代			1		
		80代		2		1	
	その他	60代	1(僧)	2(伯父1・兄1)	1(弟)	1(兄)	2(伯父1・兄1)
		70代	1(僧)				
女性(人)	後家	60代			1	1	1
		70代					
	女房	60代	10	6	1	2	1
		70代	1	1			1
	母*	60代	9	13	3	3	6
		70代	2	3	1	1	2
		80代	1	2			
	祖母	70代					1
		80代		1			
	その他	60代				2(姉・伯母)	2(姉)
60歳以上人口(人)			49	51	18	21	25
総人口(人)			389	417	311	298	330

「母」には「父」の女房とする表記を含む。
『寒河江市史編纂叢書』第49集より作成。

●――図3　花ねせ(『紅花絵巻』部分)

●――図4　花ふみ(同上)

●――図5　花干し(同上)

●―図6　竈で炊事をする白髪頭の女性(『近世農村四季図』部分)

摘みから紅花餅づくりにいたる作業工程において、老人労働力の投入が明示されているのは、花摘みと、花干しの作業である。

図2(一二ページ)は『紅花絵巻』に描かれた紅花摘みの場面である。作業にあたる七人のうち、画面奥に、手甲《てっこう》をつけて籠《かご》を腰にさげた老人と、同じく手甲をつけ、ほおかぶりをした老女の姿がある。紅花は葉に棘《とげ》があるため、早朝の朝霧のあるうちに、急いで花摘みを行わなければならない。短時間に労働力を集中させる必要から、老人を含めて家族総動員で働くことになった。盛夏の時期に、品質が落ちないように手早く作業を進めることを求められた紅花餅づくりは、つんだ花弁を川の水で洗い、半切桶《はんぎりおけ》に足をいれて揉《も》み、水洗いをするなど、力を要する仕事はおもに、壮年の男たちによって担われた。花干しは、紅花餅づくりの最終工程の作業であり、せんべい状にした紅花餅を筵《むしろ》のうえにならべ、天日《てんぴ》で乾燥させる。一日に二、三回、返す作業をして乾燥させ仕上げるが、軽労働であったので老人と女性、子どもたちの行う仕事とされていた。

一方、炊事や洗濯、衣服の裁縫など、家事の領域は、もっぱら女性たちにまかされた仕事であったが、姑《しゅうとめ》の役割もみられる。図6〜8は前述した『近世農村四季図』である。授乳中に眠ってしまった母親や、幼子、舅とみられる年寄りの昼寝の一時を描いた一コマに、竈《かまど》で炊事をする白髪頭の女性がみえる。授乳と農作業とで疲労した嫁にかわって、姑の飯炊きは必要とされた役割であった。洗濯の場面には、干し板で洗い物を乾かす女性の隣に、盥《たらい》で洗い物をする老女の姿がある。農閑期の冬の囲炉裏端《いろりばた》では、草鞋《わらじ》を編む男性のかたわらで、女性と白髪の老女が、ともに糸車で糸を紡いでいる。家族の着る衣服をととのえる仕事はとくに主婦の役割であったが、姑の世代となっても、糸を紡いで織り上げ、裁縫をする自給的な生産活動に携わっていた。嫁にその技術を伝えることが姑の大事な役割でもあったからである。

高齢の当主と後家当主

当主として高齢まで家を守り、経営に責任をおう者も、少なからず存在した。東北や北陸では広い地域で、死譲《しにゆず》りといわれて隠居慣行が形成されなかったとする指摘があるが、一例として、幕府《ばくふ》領出羽国村山郡柴橋《しばはし》村▲(現、山形県寒河江《さがえ》市)のうち柴橋本郷《ほんごう》の状況を「宗門人別帳《しゅうもんにんべつちょう》」▲によってみてみよう。表1(一二ページ

▼幕府領出羽国村山郡柴橋村　一六二二(元和《げんな》八)年、最上義俊《よしとし》の改易《かいえき》後、幕府領山形藩預地《あずかりち》、二四(寛永《かんえい》元)年山形藩領をへて、三六(同十三)年ふたたび幕府領。一七六〇(宝暦十)年、柴橋陣屋の設置にともない翌年村内に代官所《だいかんしょ》がおかれ、幕末に庄内藩領に組み入れられるまで、約一世紀にわたり柴橋陣屋付きの中心的村落であった。村高は一七〇三(元禄十六)年一二九七石余(柴橋本郷八六一石余・金谷原《かなやばら》三二二石余・落衣《おとも》一一三石余)、「旧高旧領」一三五五石余。

▼「宗門人別帳」　宗門改《あらため》に基づいて作成された帳簿。村ごと、町ごとに住民を人別に調査し、宗《しゅう》旨《し》・檀那寺《だんなでら》を記す。戸籍簿としての役割も果たした。

●—図7　盥で洗い物をする老女(『近世農村四季図』部分)

ジ)は、柴橋村(以下、柴橋本郷を柴橋村と記す)の六〇歳以上の人数と、それぞれの肩書きを年次別に示したものである。一七三四(享保十九)年、村の総人口三八九人のうち、六〇歳以上は四九人おり、全体の一二・六%を占めている。当村では三歳になるまで宗門人別帳への記載はないので、実際の六〇歳以上人口の比率はこれより若干低くなるが、それでも高い数値である。一八三三(天保四)年から三六(同七)年にいたる飢饉《ききん》の影響で、高齢者の比率は急降下するが、その後徐々に回復してゆき、四九(嘉永《かえい》二)年の段階では、六〇歳以上人口は二五人で全体の七・六%となっている。

男性の肩書きをみわたすと、一七六一(宝暦《ほうれき》十一)年以降、八〇代はみな父や祖父となっているので、当村では八〇代での隠居がこの時期には定着していたとみてよいだろう。七〇代は一八四九年まで、ほぼ全員が当主である。ただし、当該期をとおして六〇代で隠居する者も若干おり、一八四九年には当主二人に対し、父の立場はこれより一人多く、三人いる。しかし、この年の七〇代は四人とも、跡取りの男子や養子がいながら、当主の座をおりていない。したがって、七〇代は隠居年齢となっていないとみなされる。柴橋村ではこのように、

●──図8　糸車で糸を紡ぐ白髪の老女（『近世農村四季図』部分）

幕末まで、男性は八〇歳にならなければ当主をおりず、七〇代は現役の年代である。七〇の老いの身をいたわりながら、家を守り、農業労働に励む者がいたのである。

一方、女性の場合は、夫婦の年齢差により、六〇代は夫を亡くして母として養われている者が多い。一七三四年は六〇代で女房すなわち当主の妻である者と、母の立場である者は、ほぼ同数であるが、一七六一年以降、後者が前者の二倍から三倍ほどになり、母として子に養われる立場が定着したといえる。

だがこの時期、対極に、六〇歳をすぎて当主となる女性が出現している。高齢での当主の役割は男性の身の上だけではなくなったことに注目したい。その一人である弥蔵《やぞう》家の後家《ごけ》いちは、三〇代なかばの総領《そうりょう》（跡取り）と娘、息子、および孫二人の六人家族のなかで、六八歳（一八三七〈天保八〉年）から七五歳（四四〈同十五〉年）で亡くなるまでの八年間、当主の座にあった。弥蔵家は持高《もちだか》一〇石《こく》余で村内で中ぐらいの階層にあたる。もう一人、一八四九年に持高七石余の久《きゅう》兵衛《べえ》家で、六〇歳の後家まつが当主となっている。夫の没後に娘婿が襲名して当主となり、孫女子も生まれて家族形成は順調であったが、婿は離縁されたか

▼幕府領出羽国村山郡八鍬村
中世は慈恩寺《じおんじ》領。近世初頭に最上氏が村の一部を領有、一六二二(元和八)年最上氏の改易後、最上氏領は幕府領となり、慈恩寺領一三五六石余と幕府領三四三石余の入組み支配となった。本文では幕府領八鍬村を八鍬村と称している。

死亡したかでいなくなり、先代の後家まつが、「総領娘」と孫との女性三人世帯のなかで、家を代表する立場となったのである。まつの当主としての期間については、これ以降の宗門人別帳がないので不明である。

柴橋村の高齢の後家当主の出現は、本来家を継ぐべき息子にこれを果たせないなんらかの事情があったり、婿養子がいなくなるという、家相続の不安定さに起因したものであったが、近隣の幕府領八鍬村《やくわ》▲(現、山形県寒河江市)でも、当該期に、六〇歳を超える三人の後家当主が、いずれも三世代の大家族が女性世帯となる変化のなかで出現している(『寒河江市史編纂叢書』第五三〜五五集)。子や孫にめぐまれて老後の暮しが安泰であるかにみえた家であっても、当主となるべき男性がいなくなる事態が起こり、年長の女性が家を守る立場を背負い、死ぬまでその役割が続くことがあったのである。

桜井由幾氏が分析した藤堂《とうどう》藩領山城《やましろ》国相良《さがら》郡西法花野《にしほうけの》村(現、京都府木津川《きづがわ》市)では、宝暦年間から寛政《かんせい》年間(一七五一〜一八〇一)まで、八〇歳以上の超高齢の当主が、男性にも女性にも存在する(桜井一九九七)。女性当主は、七〇代なかばで養子夫婦を迎えながら九一歳で没するまで当主の地位にあったかち、夫に先立たれて七五歳から八六歳で亡くなるまで、養女と二人暮しのなかで当主であったしも、息子夫婦が不在となり八四歳で単身当主となったちか、養子に先立たれて七七歳で当主となり八一歳までその座を確認できるなら菊など、四人が析出されている。かちの場合、跡継ぎが養子であることで、その力量をみきわめるまで代を譲らないとする意思をとおしたのだろう。当該期の女性当主を取り巻く社会状況として、婚姻関係の不安定さをあげてよいが、女性の平均寿命の伸長が、傘寿《さんじゅ》を超える高齢の女性当主を生み出したことも確かである。

農民相続において、当主は原則として男性の就く地位であったが、女性の単身世帯や女性世帯であれば、当然ながら女性が当主となっていた。だが十九世紀前期には、六〇歳を超える年齢で当主となる女性がめだってくる。さらにこの時期、家内に成人の息子や養子がいながら長く代を譲らずに当主の地位にとどまる後家当主が、少なからず出現していた。

大口勇次郎氏は、江戸時代後期の農村社会の動揺を背景に家相続が困難な事態を迎えて、女性が中継役割にとどまらない相続役割を担うようになり、村が男性優位の相続原則にとらわれなくなったものとして、当該期における女性の家内と村社会での地位の変化を指摘されている(大口一九九五)。一方、当該期の女性相続人の出現は、これまでみてきたように、女性の長命化と無縁の動向ではないだろう。多世代家族の隠居の身で、扶養を受ける立場のまま人生をおえるとみられた女性であっても、突然にして、家族に先立たれ、息子や養子に去られ、また養子の働きがかんばしくなくなり、年長の後家として家を守らなければならない事態に遭遇した。老いを生き残ったがために直面した、家族解体の悲劇であり、人生の悲哀でもあったが、老いの身に起こった大事であればこそ、家を守るために奮闘した女性もいる。柴橋村の後家のいちやまつ、西法花野村のかちなどは、そうした女性たちである。家相続のための方策や、地域の相続慣行の変化については、高齢化の進行という視点から、今いちどみなおしてみる必要がありそうである。

死譲りの慣行のなかで八〇歳をすぎるまで農作業に精励した者がいたことは、藩の高齢者褒賞の記録からも垣間みえる。弘前《ひろさき》藩では一七九一(寛政三)年、藤《ふじ》崎《さき》村(現、青森県南津軽《みなみつがる》郡藤崎町)の川越茂助《かわごえもすけ》が、老年まで「農業出精《しゅっせい》」で在方《ざいかた》手本になる者であるとして、二人扶持《ぶち》をあたえられ、翌九二(同四)年には大光寺《だいこうじ》組杉館《すぎだて》村（現、青森県平川《ひらかわ》市）の百姓甚左衛門《じんざえもん》八一歳が、「農業出精」で、鳥目《ちょうもく》二貫文《かんもん》をくだされた（『御用格《ごようかく》〈第一次追録本〉』▲下巻）。川越茂助の年齢は不明であるが、弘前藩の当該期の高齢者褒賞は対象者がみな八〇歳を超えており、甚左衛門の例からしても、傘寿をすぎていたとみられる。

一方、町人も、八〇歳を超えて現役でいた者がいる。弘前藩では一七九七（寛政九）年、町奉行《まちぶぎょう》が八〇歳以上の城下の町人を調べ、八人を書きあげた（「弘前藩国日記」▲寛政九年三月十四日条）。このうち四人には父と記す肩書きがあり、隠居の身であったことが知られるが、土手《どて》町の木屋《きや》長四郎《ちょうしろう》（八五歳）、同町の菱屋《ひしや》長兵衛《ちょうべえ》（八二歳）、本丁《ほんちょう》五丁目の粂田屋《くめたや》忠兵衛《ちゅうべえ》（八二歳）、富田《とみた》町の金助《きんすけ》（八〇歳）の四人については、名前の記載からして、現役の町人とみられる。

老いて現役の武士

古稀《こき》をすぎ、さらに傘寿をすぎても現役をつとめる者がいたのは、武士も同様である。

武士には現在のサラリーマンのような定年退職の制度はなかった。病気と老

▼**『御用格』**　弘前藩の日記方において編纂。藩政の諸史料を公儀・御家・御規式・諸頭・御家《ごか》中《ちゅう》・寺社・郡・町・作事・鳥獣その他の分類別に収集し編年順にまとめる。一七九〇（寛政二）年ごろまでの記録を集めた「寛政本」、一八二四（文政七）年までの記録を集めた「第一次追録本」、四七（弘化四）年までの記録を集めた「第二次追録本」、五九（安政六）年までの記録を集めた「第三次追録本」の四種類からなる。

▼**「弘前藩国日記」**　弘前藩庁日記は弘前城中の記録である「御国《おくに》日記」（三二九七冊）と江戸上《かみ》屋敷の記録である「江戸日記」（一二一八冊）の二種類がある。日記方により御城御用伝帳・御家老帳その他の史料が編集・清書され、集大成された。

衰（老年）を理由に役職を退いて隠居することを認められていたが、幕臣《ばくしん》の場合、病気隠居は四〇歳以上でなければ請願できず、老衰隠居は七〇歳以上になってはじめて認められた。弘前藩では、一六七六（延宝《えんぽう》四）年、六〇歳で隠居願いを認めるものとしていたが、一七九二（寛政四）年二月に細則を定め、五〇歳以下の者は「病気御断」（病欠届け）をだしてから一〇カ月以上へなければ隠居願いを提出できず、五〇歳以上六〇歳未満なら五カ月以上で提出を認め、六〇歳以上七〇歳未満は病状しだいで月数にかかわらず願い出ることができ、七〇歳をすぎると病気でなくとも隠居を許可するものとした（『御用格〈寛政本〉』上巻）。仙台藩・宇和島《うわじま》藩では六〇歳が老年隠居の法定年齢とされたが（大竹一九九〇）、金沢《かなざわ》藩・会津《あいづ》藩をはじめ、管見のかぎりでは七〇歳で隠居を許可する藩が多いようである。ただし高知藩・鳥取藩のように原則として隠居を認めない藩もあった。

武士の隠居に厳格な規制が加えられていたのは、主君に対して奉公義務をおう当主の地位を、みずからの自由意思で退くことはできなかったからである。この点は庶民の隠居と大きく異なっている。

七〇歳が隠居年齢の基準とされたのは、古代官僚制において「選叙令《せんじょりょう》」▲二十一条に七〇歳を致仕《ちし》を許す年齢としたことにならったものと考えられる。古代律《りつ》令《りょう》の高齢者に関する規定は中国律令をほぼそのまま受け継いでおり、その根本は儒教《じゅきょう》理念にあった。『礼記《らいき》』▲曲礼《きょくらい》篇上には「五十を艾《がい》と曰《い》い、官政に服す。六十を耆《き》と曰い、指使《しし》す。七十を老と曰い、而《しこう》して伝う。八十、九十を耄《ぼう》と曰う」とあり、頭が艾のように蒼白になる五〇歳となって重要な役職に就き、その後六〇歳で人を指揮する役となり、七〇歳の老にいたると、「家事」を子孫に委ねて、その世話になる、と解釈されるが、ここから七〇歳が地位を譲り引退する年齢とされたものだろう。

江戸幕府は、こうした古代官僚制の例にならい、七〇歳までは働くべき年齢としたものと考えられる。一方、古稀をすぎても引き続き職にとどまる者も、稀有ではなかった。江戸町奉行▲として名高い大岡越前守忠相《おおおかえちぜんのかみただすけ》は、その代表的人物であり、古稀をすぎてから大出世をとげたことも注目されてよいだろう。

一六七七（延宝五）年、幕府旗本《はたもと》大岡忠高《ただたか》の四男に生まれた忠相は、八六（貞《じょう》享《きょう》三）年、一〇歳で同族の旗本大岡忠真《ただざね》の養子となり、一七〇〇（元禄《げんろく》十三）年、

▼「選叙令」　令《りょう》の篇目で官人の叙位《じょい》・任官《にんかん》についての規定。

▼『礼記』　中国、前漢《ぜんかん》時代の経《けい》書《しょ》。五経《ごきょう》の一つ。戦国時代から秦《しん》・漢時代の儒者の古礼に関する説を集録。

▼町奉行　江戸町人地の市政を担当する幕府役人。寺社奉行・勘定奉行とともに三奉行と呼ばれ、幕政や司法にも深くかかわった。南北の二人が一月交代で勤務し、配下の与力《よりき》・同心《どうしん》や、町年寄・町名主らとともに江戸町方《まちかた》のあらゆる行政を担当した。

養父の跡を受けて数え年二四歳で家督を継いだ(家禄《かろく》一九二〇石)。以来、書院《しょいん》番《ばん》を振出しに幕府官僚として成長し、山田《やまだ》奉行、普請《ふしん》奉行をへて、一七一七(享保二)年、四一歳の若さで江戸町奉行に抜擢され、八代将軍吉宗《よしむね》の享保改革を二〇年にわたり江戸町奉行として支えた。六〇歳となる一七三六(元文《げんぶん》元)年、譜代大名《ふだいだいみょう》のポストである寺社《じしゃ》奉行▲に栄転し、一二年後の四八(寛延《かんえん》元)年閏《うるう》十月、奏者番《そうじゃばん》▲を兼任して四〇〇〇石を加増され、知行高《ちぎょうだか》を一万石とした。七二歳にして念願の大名に昇格したのである。翌一七四九(寛延二)年二月、正式に領地が決まり、三河《みかわ》国西大平《にしおおひら》に陣屋《じんや》をおいた。その後健康を害し、一七五一(宝暦元)年六月、大御所《おおごしょ》吉宗の死去で葬儀を担当したのが最後の公務となり、同年十一月、病気を理由に寺社奉行を辞職、翌十二月、奏者番の役に就いたまま、七五歳で病没している(大石二〇〇六)。

旗本から大名になった例はわずかであり、町奉行から大名への栄転は江戸時代を通じて、忠相ただ一人である。江戸城内の身分や慣例の壁を越える異例の人事は、将軍吉宗の庇護《ひご》を背景とするところもあるが、役職上の功績を評価された昇格であることは、まちがいない。だがそれだけではなく、古稀をすぎる

▼**寺社奉行**　僧侶・神職・修験《しゅげん》など宗教者、および全国の寺社領民を管轄。将軍直属で三奉行の最上位に位置する。奏者番である譜代大名から選ばれて兼任した。

▼**奏者番**　年始・五節句などで大名・僧侶などが将軍に謁見《えっけん》する際、献上の太刀《たち》・目録を披露し、将軍の下賜品《かしひん》を伝達することを役目とする。譜代大名から任命され、一六五八(万治元)年以降、寺社奉行の兼任が通例となった。

年齢まで生きたことで、かなえられた昇格でもあった。健康を保ち長寿にめぐまれたことにより、年功と不可分の関係で昇格に結びついたのである。

還暦を超えてからの寺社奉行としての仕事ぶりは、将軍の寺社参詣の準備に采配をふるい、大寺院の火災現場で指揮をとるなど、前職での経験をもとに、成果をあげていた。一方で忠相は、老いの身での勤務の厳しさも味わなければならなかった。六〇代のころから、慢性的な消化器系の病気が原因とみられる腹痛の症状を多発して、若いときのように一月連続で出勤することはできず、欠勤がめだちはじめる(大口二〇一〇)。没年となった一七五一年には、二月以降、腹痛のほか、痰《たん》や咳《せき》がでて咽喉《いんこう》を痛め、頭痛を起こし、「大小用共に不適」となる日もあって、在宅治療のための欠勤が続いている。五月になると体調はいよいよ悪化し、寺社奉行の仕事のうち、馬に乗って火事場にでることと、月番勤務の免除を願い出て、認められている。その願書には、「段々年寄り気力もおとろえ、その上この度の病気に付き、声立ち申さず、咽喉もいまだ痛み申し候、その上眩暈《げんうん》も致し候、ほかの役にて御座候えば、かくの如《ごと》くにても勤め申すべく候えども、寺社奉行にてはご存知の通り、毎日声を張り候て言い申すこと故《ゆえ》、中々勤め兼ね候」と記している（『大岡越前守忠相日記』▲下、宝暦元年五月十九日条）。本来であれば身を退くべき病態にあることを訴えながら、将軍の厚恩で就いた役職にあって辞職は憚《はばか》り多いと思う気持ちも伝えようとする。だが忠相は、老病の身にたえながら、重病の床にあった大御所吉宗の思いを酌み、幕政の安定のために、この時期も家重側衆《いえしげそばしゅう》や老中《ろうじゅう》との面談を重ねた。さらに、吉宗の逝去の報を聞くと、欠勤と早退を繰り返しながらも、葬儀の準備に奔走した。忠相はこうして吉宗への奉公をまっとうし、みずからの人生を終えた。

大岡忠相ほどの出世ではなくとも、高齢での役勤めにより家禄と家格《かかく》の上昇をかなえた武士は、幕臣にも、藩士のなかにも少なからずさがしだせる。米沢《よねざわ》藩士の山田近房《ちかふさ》は、その一人である。一六五七（明暦《めいれき》三）年、五十騎組《ごじっきぐみ》▲金子太《かねこた》郎兵衛《ろべえ》家利《いえとし》の次男として生まれた近房は、七四（延宝二）年六月、小納戸組《こなんどぐみ》▲山田久兵衛の婿養子となり、八〇（同八）年十一月に二四歳で山田家の家督を相続した。養父久兵衛と同様に禄高《ろくだか》五〇石で小納戸組にめしかかえられ、一六九三（元禄六）年、小納戸頭《かしら》に昇進し、四三年間勤め上げて、一七二三（享保八）年六月、六七歳で隠居を願い出ている。だがこの隠居願いは差し止められ、翌年三

▼『大岡越前守忠相日記』　大岡忠相は町奉行として著名であるが、日記は忠相が寺社奉行であった一七三七（元文二）年一月から、奏者番を兼任していた五一（宝暦元）年閏六月までの記録。

▼五十騎組（米沢藩）　中級家臣団。馬廻《うままわり》組・与板《よいた》組とともに三手組の一つ。組名は上杉景勝《うえすぎかげかつ》の直《じき》参《さん》五十騎に由来。

▼小納戸組（米沢藩）　財務を担当する勘定方の役職。城下の土手《どて》之内《のうち》町に集住していた。

月、近房は鉄砲足軽組頭《てっぽうあしがるくみがしら》（五十騎組物頭《ものがしら》）に抜擢された。その後一五〇石を加増され、禄高を二〇〇石にふやした。ようやく隠居を認められたのは一〇年後の一七三四（享保十九）年十二月、奉公《ほうこう》五五年目の七八歳のときである（『米沢市史編集資料』第二一号）。

近房が六七歳で隠居を差し止められたのは、役人としての有能さを買われたものだろう。国目付《くにめつけ》の先乗《さきのり》や参勤交代《さんきんこうたい》の先乗など、古稀をすぎて重職を命じられており、この功績があってこそ近房は、家禄を五〇石から二〇〇石に加増されたのである。古稀を超える長寿を保ち、長く現役にとどまったことは、山田家の家禄を四倍にふやし、嫡子正房《まさふさ》以降、五十騎組入りするという、家格の上昇をなしとげた。近房の長寿は、藩への奉公にとどまらず、山田家に対する奉公としても、大きな意味をもったのである。

傘寿を超える藩士

隠居年齢を超えて職にとどまった武士は、八〇歳をすぎるまで勤務を続けた例も珍しくない。表2（次ページ）は、弘前藩が高齢藩士を褒賞した記録を抽出

●―表2　弘前藩の高齢藩士の褒賞

年　次		役　職	名　前	事　由
1764(宝暦14)年	4月13日	碇ケ関町同心警固	奈良三四郎	老年に付き永暇願い，数十年実体勤務
1799(寛政11)年	2月1日	大目付次順学校小司	山崎図書(70歳)	隠居まで44年勤務
	4月21日	留守居組	奈良治助(80歳)	隠居まで50年勤務
	5月1日	大組物頭	都合森甚之丞(53歳)	隠居まで38年勤務
1800(　12)年	7月1日	御手廻	宮館留右衛門(65歳)	隠居まで44年勤務
	8月1日	留守居組	中村□之丞	隠居まで60年勤務
	9月1日	旗奉行	石山喜兵衛(80歳)	隠居まで63年勤務
	9月15日	留守居組	木村安太夫	隠居まで65年勤務
1809(文化6)年	8月9日		石郷岡善右衛門	老年で出精
			船水新五兵衛	同上
			横嶋勝左衛門	同上
1814(　11)年	10月1日		石郷岡徳左衛門	老年で野稽古と陣立等出精，多年の勤功
1822(文政5)年	3月27日	武具蔵奉行	佐々木専右衛門	老年で出精
1840(天保11)年	8月9日		北川族	同上
1843(　14)年	11月11日		高年の目見以上の男女数人	
1846(弘化3)年	3月17日		久保田□助	83歳の老年で鎗術高覧に出席
1848(嘉永元)年	6月11日		高木次郎左衛門	74歳の高齢で出精，鎗術高覧に出席
	6月15日		唐牛甚助	年来門弟教授方出精，老年ながら芸術宜し
	12月26日		戸田行左衛門	同上
1849(　2)年	8月12日		後藤多宮	80歳の高年で出精勤務
			笹森彦弥太	82歳の高年で出精勤務
1852(　5)年	4月23日		近藤□哲	81歳の高年で出精勤務，支配扱向宜し
1853(　6)年	10月17日		山野主馬	老年で数年来精勤，ことに学問所惣司取扱出精勤務
1854(安政元)年	2月23日		戸田行左衛門(再度)	高年で出精勤務
			新屋四五左衛門	同上
			伊藤弥七	同上
			野呂孫弥	同上
	5月2日	馬廻番頭格	唐牛甚助(再度)	高覧の際，老年ながら丈夫の打方，門弟教授方行届く
	6月7日		戸田行左衛門(3度目)	高覧の際，高年で打方など一段のこと
	6月25日		一戸奥弥	高覧の際，老年まで門弟教授方宜し
1857(　4)年	閏5月4日	馬廻	伊藤万作	心がけよく老年まで数十年武芸出精

『御用格(寛政本)』上・下，『御用格(第一次追録本)』上・下，『御用格(第二次追録本)』，『御用格(第三次追録本)』より作成。

●—表3　1849(嘉永2)年の80歳以上の仙台藩士と家族

	男　性			女　性		
1	蟻坂孫左衛門(四番彦七郎父)	87歳		称念寺母	86歳	
2	河田了我(評定所役人縫殿之助祖父子平事)	92歳		奥小姓松本久太郎継祖母りき	83歳	
3	三浦好翁(四番周防承祖父良之進事)	89歳		古内伊賀組壱番座召出喜多之助名代秋保三郎祖母よふ	83歳	煩
4	岡崎忠太夫	89歳	煩	石川次郎左衛門組弐番座召出保土原龍之進祖母けさ	84歳	
5	石川大膳	87歳	煩	佐々豊之助組堀江竜蔵祖母ふみ	81歳	
6	戸板安右衛門	84歳		古田内蔵人組武田金右衛門祖母ちゑ	83歳	
7	武田玄悦	84歳		古田内蔵人組大石源太夫祖母いく	80歳	
8	菊田喜太夫	84歳		古田内蔵人組白川久馬母れつ	91歳	煩
9	古関喜三郎	84歳		伊東主膳組千葉喜三郎高祖母なを	83歳	
10	相原助左衛門	83歳		伊東主膳組金森庄左衛門祖母よね	82歳	煩
11	青田勇蔵	83歳		伊東主膳組熊谷喜膳母とゑ	81歳	煩
12	山岸八郎右衛門(源斎)	83歳		伊東主膳組半沢太郎左衛門祖母ちよ	80歳	
13	及川斎(養賢堂目付普三郎父)	83歳		伊東主膳組守屋貞治養母あき	80歳	
14	上田義左衛門(四番大五郎父)	82歳		天童右近介組芦立甚五郎母とわ	85歳	煩
15	勝田寿閑	82歳		福原縫殿組小川道介祖母とみ	84歳	
16	小崎新左衛門	82歳		福原縫殿組河田市右衛門祖母りよ	82歳	
17	郡山平左衛門	82歳		遠藤越後組菅野道輔祖母亀よ	83歳	
18	清水正左衛門	81歳		柴田蔵人組遠藤哲五郎母しう	80歳	煩
19	高橋正之助	81歳		柴田蔵人組野村新兵衛養祖母なを	81歳	
20	古関甚太夫	81歳		柴田蔵人組林源五郎祖母かや	87歳	
21	中村卯内	81歳		柴田蔵人組大和田遭右衛門祖母このふ	90歳	
22	堀江繁之丞(遊恕)	81歳		葦名佐渡組熊沢和賀之助家付之伯母喜代	80歳	
23	伊藤平太夫	81歳		石川次郎左衛門組小川新左衛門母喜代	82歳	
24	百々伊左衛門	80歳		一之宮社家鈴木薩摩守母つき	80歳	
25	矢目伊兵衛(二番)	80歳		山田義右衛門旧組不入御番御徒小姓小池大吉母よし	84歳	
26	塩松内蔵之丞	80歳		本田衛守組御鷹匠和地惣太夫母とよ	80歳	
27	守屋義三郎	80歳		西大條四郎組御鷹匠真山栄五郎祖母ゑひ	80歳	
28	高平了翁(五番新三郎養父登之助事)	80歳		古山七左衛門組御不断阿部周助養母たよ	80歳	
29	加藤善蔵	80歳		古山七左衛門組御名懸菊田桂五郎養祖母ひさ	82歳	
30	石川要右衛門	80歳		気仙郡世田前村代々小先妙仙院母すま	89歳	煩
31	安田治左衛門(七番常吉祖父)	80歳		宮城郡国分福岡村准年行事岩松寺母ちよ	82歳	
32	荒井亘	91歳				
33	小木昌之助	83歳				
34	船迫力之輔	80歳				
35	遠藤勝之助	80歳				

「煩」は病気の者。
『源貞氏耳袋』6より作成。

したものである。一八〇〇(寛政十二)年までは隠居に際して褒賞が行われており、留守居組《るすいぐみ》奈良治助《ならじすけ》・旗奉行《はた》石山喜兵衛《いしやまきへえ》の二人は、五〇年から六〇年におよぶ長い勤務の末に、八〇歳で隠居している。文化《ぶんか》年間(一八〇四〜一八)以降は現役の高齢藩士の精励をたたえるように方針が転換し、久保田(八三歳)・後藤(八〇歳)・笹森《ささもり》(八二歳)・近藤(八一歳)の四人は、八〇歳を超えてなお現役であることで褒賞されている。弘前藩は七〇歳を隠居年齢の基準としていたので、このほか老年の出精を称美された者たちも、七〇歳をすぎていたものとみられる。

仙台藩では前述したように、藩士の隠居年齢の基準は六〇歳であったが、八〇歳を超え、さらに九〇歳を超えても隠居していなかった者を確認できる。表3(前ページ)は、一八四九(嘉永二)年、八〇歳以上の者の「年長祝」を開いた際にリストアップされた藩士と、その家族である。士分の男性の該当者は全部で三五人おり、このうち二人は九〇代である。隠居して祖父や父の肩書きがある者が七人、法名《ほうみょう》で記されている者が二人いるが、九一歳の荒井《あらい》亘をはじめとして、名前が記されている二六人はみな、現役の藩士と推測される。

江戸後期の幕府高齢役人

江戸時代後期の一八三四(天保五)年、古稀をすぎて幕府につとめていた者を調べ上げたリストが、平戸《ひらど》藩の老侯松浦静山《まつらせいざん》の随筆集『甲子夜話《かっしやわ》三篇1▲』に記載されている。友人で幕府儒官《じゅかん》であった林述斎《はやしじゅっさい》からみせてもらったもので、西《にしの》丸《まる》の旗奉行であった松下保綱《まつしたやすつな》が個人的に調査していることを聞いた述斎が、当人に所望し、この年四月に送られてきたものであった。ここには表4(次ページ)に示したように、五〇人の名前が書き上げられている。『寛政重修諸家《ちょうしゅうしょか》譜《ふ》▲』および『寛政譜以降旗本家百科事典』『徳川幕臣人名辞典』を頼りに、一人ひとりについて、当時の年齢と役職とを確認してみると、ほぼ正しいデータである。17の曲渕景露《まがりぶちかげみち》は、一八三一(天保二)年九月に七四歳で老齢を理由に留守居の職を辞しており、29の戸田邦政《とだくにまさ》も前年に辞職している。この二人を除いて四八人が、実際にこの時期、現職の役人である。ただし選択の基準は「布衣《ほい》以上」、すなわち六位相当以上の格高の旗本に限定されており、旗本全体に広げれば、さらに人数はふえることになろう。上記の辞(事)典によりながら、おもだった者の履歴をたどり、高齢役人の勤務の実態をとらえてみたい。

▼**『甲子夜話』**　肥前《ひぜん》平戸藩九代藩主松浦清《きよし》(一七六〇～一八四一年、号静山)著。隠居後の一八二一(文政四)年から四一(天保十二)年八二歳で死去するまで、二一年間にわたる著作で二七八巻におよぶ。見聞した大名・旗本などの逸話、市中の風俗などを記す。

▼**『寛政重修諸家譜』**　江戸幕府編。諸大名と旗本など幕臣の系図略歴をおさめる。

●—表4　1834(天保5)年の幕府高齢役人

	役職	名前	齢		役職	名前	齢
1	西丸槍奉行	堀直従	94	28	勘定奉行	明楽茂村	75
2	留守居	石川忠房	87	29	小姓組番頭	戸田邦政	75
3	西丸旗奉行	大河内政良	84		岡田伊豆守組与頭		
4	西丸留守居	谷口正成	84	30	留守居番	梶川正盈	74
5	槍奉行	佐原良屋	84	31	先手	鷲巣清典	74
6	二丸留守居	大原信好	84	32	二丸留守居	石川政徳	74
7	西丸先手	奥村矩恭	82	33	先手	水野忠成	73
8	旗奉行	牧野成知	81	34	同	渥美親憑	73
9	槍奉行	松下保綱	80	35	西丸書院番	戸田忠養	73
10	西丸先手	窪田正愷	80		大久保播磨守組与		
11	同表門番之頭	木村種方	80		頭		
12	大目付	佐野庸貞	79	36	西丸裏門番之頭	山崎明堯	73
13	西丸先手	天野雄生	78	37	田安家家老	高井実徳	72
14	普請奉行	泉本忠篤	78	38	小普請支配	中山勝正	72
15	槍奉行	武川恒前	78	39	先手	森山盛年	72
16	留守居番	永田尚賢	78	40	西丸小十人頭	室賀正明	72
17	留守居	曲渕景露	77	41	先手	能勢頼広	71
18	旗奉行	井上正章	77	42	同	本多玄堅	71
19	普請奉行	勝正朝	77	43	小姓組番頭	井戸正弘	71
20	槍奉行	中山時倫	77		高井但馬守組与頭		
21	留守居番	榊原長貞	77	44	勘定吟味役	中川永政	71
22	先手	富永参孝	77	45	先手	羽太正栄	70
23	小姓組番頭	柴田幸長	77	46	西丸先手	玉井祐徳	70
	森川下総守組与頭			47	小姓組番頭	諏訪頼功	70
24	徒頭	大田正幸	77		浅野壱岐守組与頭		
25	西丸祐筆組頭	芦屋利宇	77	48	峯寿院御用人	古山政礼	70
26	大目付	土屋廉直	76	49	文姫用人	田村新右衛門*	70
27	先手	玉虫教茂	76	50	二丸留守居	小林政数	70

＊田村新右衛門は文姫用人の田丸新左衛門直澄か。

『甲子夜話三篇1』より作成。

最高齢は堀直従《ほりなおより》で、九四歳にして西丸の槍《やり》奉行の職にある。一七七一（明和《めいわ》八）年に家督を継いで小普請《こぶしん》入りして以来、西丸書院番、使番《つかい》、先手《さきて》鉄砲頭、持弓頭《もちゆみがしら》、新番頭《しんばんがしら》、槍奉行、旗奉行、西丸留守居、西丸槍奉行と番方《ばんかた》を中心に諸職を歴任した人物である。調査翌年の一八三五（天保六）年三月、九五歳で職を辞しており、奉公生活は六四年にわたった。ただし九〇歳をすぎての現役は、稀有な例であったとはいえない。一八三四年当時七六歳であった26の大目付《おおめつけ》土《つち》屋《や》廉直《ただなお》は、後年に留守居に転じ、八八歳となった四六（弘化《こうか》三）年三月、老年までの勤めの出精を賞されて五〇〇石を加増され、家禄を一五〇〇石にふやした。その後一八五三（嘉永六）年九五歳まで勤め上げて、老衰を事由に辞職している。一七八四（天明《てんめい》四）年、中奥《なかおく》の番士に始まった奉公は、実に六九年におよぶ。

八〇代は、八七歳で留守居の石川忠房《いしかわただふさ》以下、八〇歳の木村種方《たねかた》（表門《おもてもん》番之頭とあるが、『柳営補任《りゅうえいぶにん》』▲では西丸裏門《うらもん》番頭）まで、一〇人を数える。この調査を行った松下保綱自身も、9の記載にあるように、一八三四年当時は八〇歳で、槍奉行である。一七五五（宝暦五）年町奉行石川政武《まさたけ》の次男に生まれた保綱は、西丸書院番松下延綱《のぶつな》の養子となり、その養女を妻として七三（安永《あんえい》二）年、知行七四〇

▼**『柳営補任』**　江戸幕府諸役人の任免記録。本編二〇巻は一八四三（天保十四）年成立。以後一八五八（安政五）年までに余巻・別巻五巻が増補された。役職ごとに任免年月日、前任職名、辞・卒年月日、転出職名などを記す。

石余の家督を相続し、以来書院番士、徒頭《かちがしら》をへて、駿河町《するがまち》奉行、京都町奉行を歴任し、一八〇〇(寛政十二)年四月にいったん、お役御免《ごめん》で寄合《よりあい》となった。その後一八〇四(文化元)年に徒頭に復し、先手鉄砲頭、持弓頭をへて、三二(天保三)年に槍奉行となった。その後旗奉行に転じ、一八三八(天保九)年五月、現役のまま八四歳で没している。

七〇代は、七九歳で大目付の佐野庸貞《さのつねさだ》以下、七〇歳で二丸《にのまる》留守居の小林政数まで、三九人を数える。このうち37の高井実徳《たかいさねのり》は七二歳とあるが、実際は当時七四歳である。実徳は横田尚松《よこたなおまつ》の次男で、高井実員《さねかず》の娘を妻として高井家の養子となり、一七八四年小納戸の職に就いたのを振出しに、将軍家斉《いえなり》小姓《こしょう》、西丸目付、本丸《ほんまる》目付をへて、山田奉行、大坂町奉行など官僚職を歴任したあと、七〇歳となる一八三〇(文政《ぶんせい》十三)年十月、病気のため寄合となった。だが、同年十二月に復職して田安家家老《たやすけかろう》の重職を担い、四年後の一八三四年十一月、在職のまま七四歳で没している。隠居年齢の直前で病をわずらいながら半年後に田安家家老で復職したのは、高齢であってこその働きを期待されたものだろう。

長生きこそが「武士道」

十八世紀後半から十九世紀前半にかけて、極老といえる八〇代まで現職に踏みとどまる武士の姿は、幕臣だけに顕著な傾向ではなかった。平戸藩では皆無に近いとされているが(氏家一九九一)、津軽藩や仙台藩では前述したように、幕臣と同様の状況が確認され、ほかにも長命の現役武士の姿は各藩の系図書などからさがしだすことができる。

幕臣も藩士も傘寿を超えて城勤めをする者が少なからずいることは、「平和」な時代に定着した「武士道」のあり方を考えさせる。すでに氏家幹人氏が旗本天《あま》野長重《のながしげ》の日記『思忠志集《しちゅうししゅう》』▲を読み解くことで指摘された問題であるが、改めて検討の遡上に載せてみたい(氏家一九八八)。

天野長重は五〇歳を超えるころから、健康第一で長く生きぬくことに意識と努力を傾注し、八六歳の長寿をまっとうした武士である。還暦を迎えた一六八〇(延宝八)年、「忠孝慈愛《ちゅうこうじあい》の道を嗜《たしな》み勤《つとめ》んとならば、息災《そくさい》に成《なる》べし。息災ならんと思はゞ無病なるべし」と日記に記し、その二年後には、「忠と謂《いわ》ば死なざる事を第一にし、命捨るを安んずる、是を第二とすべき事」と書き残していたよ

▼『思忠志集』　旗本天野長重(一六二〇〜一七〇六年)が一六四四(正保《しょうほ》元)年から八九(元禄二)年まで、四〇年以上にわたり折々に書き留めたことを、通し番号をつけて収録。武士としての心得や健康法、死生観、旗本の倫理などを記す。国立公文書館蔵。

うに、健康こそが武士としての生き方であり、忠死をとげることよりも死なないことのほうが、忠として質が高いとする確固たる信念をいだいていた。武芸に励むことも長重にとっては、健康を保つための手段の一つとみなされている。実際、老いて生き残ることの栄誉は老衰の不安がよぎりはじめた一六八九(元禄二)年、七〇歳にしてその身におよんだ。島原《しまばら》の乱《らん》▲に参加した旗本として唯一生き残り、長年にわたり精勤したことを賞されて、槍奉行を拝命したのである。さらに五年後には旗奉行に転じた。老年を理由に職を辞したのは八一歳のときである。

氏家氏は、長重の人生と言動から、つねに死を思考の中心におく美意識としての武士道とは異なり、老いをしぶとく生き残り、長く主君に奉公することに価値をおく、いわば「武士道とは長生きすることと見つけたり」と唱えるべき、あらたな観念の成立を指摘されている。首肯できる見解である。

武士道にあらたにみいだされた観念は、十八世紀を通して武士社会に定着し、幕末近くまで幕臣たちの心をとらえていた。そのことをいま一度、表4に戻って確認してみたい。一八三四(天保五)年の七〇代の幕臣に注目してみる。前述

▼**島原の乱**　一六三七〜三八(寛永十四〜十五)年。島原天草一《あまくさいっ》揆《き》。年貢《ねんぐ》諸役の重課と飢饉の苦境のなかで肥前島原半島と肥後《ひご》天草諸島の領民が切支丹《キリシタン》に立ち帰り、松倉《まつくら》・寺沢《てらさわ》両藩主に対して起こした武装反乱。幕府軍は上使《じょうし》として板倉重昌《いたくらしげまさ》・松平信綱《まつだいらのぶつな》の軍勢、および九州・四国の諸大名の軍勢をあわせて一三万人近くを動員。その攻撃とその後の処刑により最終的に籠城した老若男女三万七〇〇〇人が死亡した。

したように、高井実徳は七四歳で病に倒れたが、記載された七〇代の役人の履歴を追跡すると、三九人のうち一六人が八〇代まで生き延びており、このうち半分の八人が、現役のまま死亡している。つまり隠居年齢の基準である七〇歳をすぎても致仕しなかった役人たちは、当人が年労を積むことを望んで致仕を上表《じょうひょう》しなかったのであり、現役のまま生涯をおえたのは当人の意思であったと考えられる。幕臣の終身雇用は現役志向の武士たちの意思表示の結果であって、彼らは致仕しないことを名誉ある武士の生き方と観念し、老病とたたかいながら役人であり続ける人生をまっとうしたのである。

それは長寿にめぐまれ老いを生き残ることが、昇進を可能としていたからでもあった。大岡忠相をはじめ、いくつか事例を示してきたが、表4の28明楽茂村《あけらしげむら》もあげておこう。茂村は七五歳で勘定《かんじょう》奉行の職にある。明楽家はもと紀州《きしゅう》家の家臣《かしん》で、吉宗が将軍就任に際して江戸にめしつれて幕臣とし、御庭番《おにわばん》所の設置にともない、▲御庭番の家筋として続いてきた家柄である。茂村は一七六六(明和三)年の家督相続後、御庭番をつとめた後、九四(寛政六)年旗本に列し、賄頭《まかないがしら》、腰物《こしのもの》奉行などをへて、一八一六(文化十三)年に勘定吟味役《ぎんみやく》上座に就任

▼**御庭番**　江戸幕府の職名。一七二六(享保十一)年設置。表向きの職務は御庭番所の宿直であるが、将軍直属で隠密《おんみつ》任務をつとめ、諸国大名の動静、老中以下諸役人の風聞、世間の雑説などの情報収集に従事した。

した。老中水野忠成《みずのただあきら》のもとで幕府財政再建につとめた功績などを認められ、一八三二(天保三)年、七三歳にして勘定奉行に昇進した。さらに、老中水野忠邦《ただくに》のもとでも幕府財政の運営にかかわり、一八四一(天保十二)年、八二歳で現職のまま没している。御目見《おめみえ》以下であった御庭番の家筋から、格別の出世をとげた明楽茂村は、このように、古稀を超えた年齢で、官僚トップにならぶ勘定奉行に抜擢されたのである。ただし、前述した九〇代の二人の例からすると、卒寿をすぎて致仕せずにいた者であっても、九〇代なかばが現役の限度とされていたものとみられる。

江戸城では、先手をつとめる七〇歳以上の幕臣たちが、たがいに助けあいながら仕事の負担を軽くする習わしがあった(氏家一九九一)。老耄《ろうもう》が進みながら職にとどまった者もいれば、矍鑠《かくしゃく》として仕事に励んでいた者もいた。老衰や重病でまったく動けない状態でなければ、家のために少しでも昇進することを望み、終身働き続ける者がいたのである。

隠居年齢の引下げ

傘寿を超える高齢での勤務は、名誉職としての側面ももちあわせたものだろうが、この時代の職務の特徴から生じていたことでもあった。戦争のない平和な時代にあって、体を張り、命を惜しまない軍事的勤務は減少し、一方、先例を重視する政務は、故実《こじつ》を知りつくし、円満に事をおさめる術を年功で磨いた老臣の価値を高めることになった。現職に居残る高齢役人の存在はつまり、武《ぶ》家《け》政権でありながら戦争を避け続けた時代のなかで、再生産され続けたのであって、現代から俯瞰すれば、この時代の平和を象徴する光景として浮かび上がる。

だが、幕末にいたって情勢は大きく変わった。ペリー来航▲後の対外危機を契機に、幕府崩壊の時期まで断行された改革政治のなかで、幕臣の隠居年齢が引き下げられ、世代交代が促進されたのである。

幕府は一八六二(文久《ぶんきゅう》二)年十一月の「軍制改革」で、陸軍・海軍双方の抜本的な改革に着手し、このうち陸軍については、講武所《こうぶしょ》▲での西洋陸軍研究に基づいた三兵(歩兵・騎兵・砲兵)編成をはかり、あわせて旗本・御家人《ごけにん》の士官教育

▼**ペリー来航**　一八五三(嘉永六)年、東インド艦隊司令長官ペリーが軍艦四隻で浦賀《うらが》に来航、久《く》里浜《りはま》でアメリカ大統領フィルモアからの親書《しんしょ》と信任状を伝達し、翌五四(安政元)年二月、再度横須賀《よこすか》沖に渡来、幕府との交渉が開始され、三月三十一日に日米和親《にちべいわしん》条約が締結した。

▼**講武所**　一八五六(安政三)年四月、旗本・御家人などに槍術・剣術・砲術の軍事教練をほどこす機関として築地に開設。のちに神《かん》田小川町《だおがわまち》に移る。一八六六(慶応二)年、陸軍所の設置にともない廃止。

を開始する。この改革のなかで、幕臣の能力主義的再編がはかられ、従来の家格による任用と原則当主のみという制限が緩和された(熊沢一九九三②)。これにさきだって一八六一(文久元)年三月、布衣《ほい》以上の役人に対して、老衰で役勤めが実質的に困難な者には、「乍勤《つとめながら》隠居」すなわち在役のままの隠居を許し(『徳川禁令考《きんれいこう》』▲前集第二、一一三五号)、十一月には布衣以下の番方・御目見以下にも、これを適用するものとした(同一一三六号)。さらに翌一八六二年六月、七〇歳以下であっても、立ち居などが不自由な身で役付・番方にある者は、「乍勤隠居」を許された(同一一三七号)。こうして七〇歳での隠居要件を、役職・番方勤務を認めつつ実質的に緩和した幕府の狙いは、改革の推進主体、なかでもあらたな兵制で要員を確保するための、幕臣家の世代交代にあったと考えられる。老齢の幕臣のなかには、勤務が困難な身でありながら、役方・番方をおりて寄合組《よりあいぐみ》▲・小普請組▲入りすることを拒む者が、少なからず存在した。こうした幕臣たちに、辞職勧告はできないものの、改革の断行のために世代交代が急務とされたのである。

さらに幕府は一八六六(慶応《けいおう》二)年九月以降、第二次長州《ちょうしゅう》戦争▲の敗退で失墜

▼**『徳川禁令考』**　一八九四(明治二十七)年、司法省が編纂した江戸幕府法令集。公家《くげ》・武家・寺社・庶民・外国関係などの法令を項目別に編年収録した前集と、裁許例・仕置例・類例などを諸書から引用して付記する後集からなる。

▼**寄合組**　禄高三〇〇〇石以上で無役の幕臣。幕末には交代寄合を含め一八〇家存在した。

▼**小普請組**　禄高三〇〇〇石以下で無役の幕臣の組織。幕府の造営に際して人足《にんそく》をだして工事を助けたことに始まるが、のちに人足のかわりに禄高に応じて金納となる。

▼**第二次長州戦争**　一八六六(慶応二)年、幕府と長州藩とのあいだで起きた戦い。幕府軍は各地で敗退し、将軍家茂《いえもち》の死を名目に兵を引いた。

した公儀《こうぎ》権力を立てなおすために、官僚機構に抜本的な改革を加える幕政改革を断行する。これに伴い、寄合・小普請・坊主などを軍隊に編成し、十一月には講武所を陸軍所に改編、これと並行して旧来の番方組織（大番・書院番・小姓組番・新番・小十人組からなる「旗本五番方」）の廃止・縮小を進め、奥詰銃隊《おくづめじゅうたい》▲や遊《ゆう》撃隊《げきたい》▲など銃隊組織への再編をはかった（熊沢一九九三①）。同年十二月二十一日、番方組織のうち両番（書院番と小姓組番）と新番を廃止し、それぞれ奥詰銃隊と遊撃隊に再編するにあたり、頭《かしら》と与頭《くみがしら》は勤仕並《なみ》寄合に組み入れるものとし、その対象は「壮年の者」と明記された（『嘉永明治年間録』▲上）。軍隊組織が壮年の者を中心に整備されるのは当然のことであるが、幕臣の壮と老とが、ここに明瞭に区別されることになったのである。

翌一八六七（慶応三）年九月、今後は布衣以上の役人で二〇年以上勤務した五〇歳以上の者には、後嗣の勤不勤にかかわらず、年々金一〇〇両ずつを隠居料として給付することが示達された（『徳川禁令考』前集第二、一一三八号）。隠居年齢はここにきて一気に五〇歳まで引き下げられ、これ以上の年齢の者は、老齢の括りで実質的に現役をおろされたのである。一人当り年間一〇〇両の隠居料

▼**奥詰銃隊**　一八六六（慶応二）年八月に大番・小姓組番・新番・小十人組・書院番の五番方各組の旗本を再編成し、三個小隊に再編成した洋式銃隊。

▼**遊撃隊**　幕末の軍事組織。一八六六（慶応二）年十月、奥詰槍術方や講武所詰槍術方をあらたに銃隊修行を命じて編成。新番組・小十人組出身者が中核を占める。

▼**『嘉永明治年間録』**　吉野《よしの》真保《まさやす》著。一八六九（明治二）年成立。一八五二（嘉永五）年から六八（明治元）年まで一七年間におよぶ出来事を編年に記述。朝廷・幕府に関する事項から行政、布達諸令、外交、経済、軍事など、一五七五項を登載。

を給付するために、同年十二月、勘定所勝手掛《かんじょうしょかってがかり》で試算がなされ、一カ年でおよそ一万五〇〇〇両余と見積もられている（「吹塵録《すいじんろく》」▲560「慶応三年改革後有司俸金総計予算」『勝海舟全集』10）。一挙に一五〇〇人もの幕臣の退職が見込まれていたことになる。この結果がどのようなものであったか、確認しえていないが、ともあれ、戦争態勢は、老臣の居場所を失わせたことになる。

老いて現役の奥女中

武家の奥女中《おくじょちゅう》も、武士と同様に定年退職の制度はなかったので、結婚や実家の事情などで奉公をやめなければ、病気や老衰で退くまで勤務を続けることになり、古稀を超える年齢まで役職にとどまる者が少なからず存在した。

十一代将軍徳川家斉の時代に御使番頭《おつかいばんがしら》▲として奉公していた、さつという奥女中は、七三歳まで現役であった。畑尚子氏によれば、さつの姪で同じく大奥《おおおく》に上がった藤波《ふじなみ》は、武蔵《むさし》国多摩《たま》郡上平井《かみひらい》村（現、東京都西《にし》多摩郡日《ひ》の出《で》町）の八王《はちおう》子千人同心《じせんにんどうしん》の娘であったので、さつの出自も同じであろうか（畑二〇一〇）。一七八七（天明七）年、家斉の将軍就任の年に奉公に上がって以来、一八四一（天保

▼「吹塵録」　江戸幕府の財政関係の文書・記録などを集録した史料集。勝海舟《かつかいしゅう》が一八八七（明治二十）年、大蔵卿《おおくらきょう》松方正義《まつかたまさよし》の要請を受け旧幕臣の協力をえて編纂。一八九〇（明治二十三）年刊行。

▼御使番頭　番部屋に詰めて広《ひろ》敷向《しきむき》との境にある錠口《じょうぐち》の開閉を行い、広敷役人との取次ぎを担う奥女中の職務。給与は切米《きりまい》五石、合《こう》力金《りょくきん》二五両、二人扶持、薪《まき》七束、炭三俵、湯之木《ゆのき》五束、油有明一、五菜銀《ごさいぎん》七〇目《め》。

十二)年、大御所家斉の死去により退職するまで、五十数年間におよぶ奉公は、家斉付きの奥女中としての任務をまっとうしたことになる。

　結婚後、夫に先立たれたり、夫や子どもと別れて奥女中となり、高齢まで働いていた女性もいる。仙台藩の藩医で『赤蝦夷風説考《あかえぞふうせつこう》』の著者として知られる工《く》藤平助《どうへいすけ》の養祖母は、息子の丈庵《じょうあん》(平助の養父)が子どものころに黒田《くろだ》藩の奥に上がり、藩主の若君の乳母《めのと》となった。その後若君が藩主となったので、高い役職に就いたと伝えられている(関二〇〇八)。丈庵が六〇歳で病没する直前に高齢を理由に隠居願いをだして退職しているので、逆算すると七〇代なかばの年齢まで、黒田藩に仕えていたことになる。

　奥女中は役方も側方も、序列化された職務を一つずつのぼっていく昇進のシステムがあったが、表の武士と同様に、長い奉公の末に老齢で上位の役職に就く者もいた。鳥取藩池田《いけだ》家では、福田《ふくだ》という奥女中が、六代藩主治道《はるみち》から十代藩主慶行《よしゆき》まで、五代の藩主に仕え、奉公から三六年目に若年寄《わかどしより》▲、四五年目に御《お》年寄《としより》▲に昇進し、五三年目に隠居している(鳥取県立博物館二〇〇六)。奉公年数から逆算すると、年寄としての勤務の時代は、六〇代から七〇代であったと推測

▼**若年寄**　御年寄の助役をつとめる奥女中の職務。鳥取藩池田家では給与は三人扶持四〇俵、役料小判五両、五菜銀三九六匁《もんめ》、椀代《わんだい》銀《ぎん》八匁三分《ぶ》。

▼**御年寄**　奥女中の役方のトップ。奥向の万事を差配する。老女とも称した。鳥取藩池田家では俸禄は四人扶持四〇俵、役料小判五両、五菜銀三九六匁、椀代銀八匁三分。

される。福田と同時期に池田家に仕えていた米田《よねだ》の場合は、最下位の御半下《おはした》▲からつとめて三九年目に若年寄に昇進し、四九年目に御年寄となった。福田と同様、若年寄・御年寄としての奉公は六〇代のことであったとみられる。

忠勤に励む奥女中には出世の機会があたえられ、実際に出世をとげた奥女中たちは、還暦をすぎ、古稀を超えてもなお、体力の続くかぎり、職務をまっとうした。こうした奥女中の勤務の姿は、表の武士の姿と変わりはない。武士と同様に、長くつとめることを名誉とする意識が生まれ、年労に対する老後の保障があったことも、長く現役にとどまる要因の一つであったと考えられる。さらに、武家の奥の運営には、しきたりや伝統が重んじられていたことから、仕事を熟知した高齢の奥女中は必要な存在であった。

▼御半下　奥方や姫君に仕えて雑用をつとめる奥女中の職務。鳥取藩池田家では給与は一人扶持四俵と五菜銀四二匁、椀代銀二匁五分、不寝料銀三六匁。

武士と奥女中の隠居

武士は致仕を許されると隠居料を給付され、跡取りの世代と同居して老後の年代をすごした。下層の武士の老後の保障は万全であったとはいえないが、鳥取藩では一六八五(貞享二)年、勤続一〇年以上を条件に「無役《むやく》」の者が「老人」か

「病人」となり奉公できない場合、「支配」は召し上げるが扶持をあたえることを定めている。一八〇五(文化二)年には「無役」の「老人」に対し、一三年以上の勤続を条件に、七年間の捨《す》扶持《て》支給を定めている(小椋二〇〇〇)。

隠居後の武士の暮しはさまざまであるが、前述した米沢藩の山田近房は、七八歳で隠居したあとも、長く健康にめぐまれて、旺盛な執筆活動を展開している。「こしかた物語」と題した雑話集をはじめ、若いときから見聞した当地の歴史や民俗、歴代藩主の事績、怪談・伝説、仏教説話に関する著作を残しており、八四歳となる一七四〇(元文《げんぶん》五)年には『米沢雑事記』を著わし、置賜《おきたま》でもっとも古い地誌とされている『米沢事跡考』も、近房が草稿をしたためている(『米沢市史編集資料』第二一号)。武士は現役のときから勤務や日常を日記につづり、子孫に家の記録として残している者が多いが、隠居後はさらに、人生訓や地域の歴史、地誌に関する豊かな著作を書き残した例が珍しくない。

近房は、蚤虱《のみしらみ》の退治法や、餅にむせぶ者をなおす方法、一〇〇歳以上の長命者の養生の方法など、健康・病気に関する記述も数多く書きとめている。養生に対する関心の高さは武士社会の一般的な風潮でもあって、隠居後にみずからの経験をもとに養生書を書き残した武士も少なくない(新村一九九一)。

奥女中も老年隠居に際して、手当てを支給された。幕府大奥では、三〇年以上つとめた者に住居がくだされ、死ぬまで生活するのに困らない後扶持《あとぶち》があたえられた(畑二〇一〇)。一八五四(嘉永七)年、幕府財政の逼迫《ひっぱく》により、勤務年数の条件は三〇年から四〇年に延長されたが、還暦まで勤め上げた者であれば、老後の生活は幕府によって保障されたことになる。隠居後は剃髪《ていはつ》して比丘尼《びくに》と呼ばれ、分限帳《ぶげんちょう》に名前を記載され、幕府の保護下におかれた。長年の奉公の功績により、みずからの家を興すことを許された奥女中もいる。文恭院《ぶんきょういん》(大御所家斉)の時代、比丘尼は一八七人おり、そのうち文恭院付きの比丘尼は、前述した御使番頭であったさつを含めて、一九人にのぼる。

さつの場合、隠居料は御使番頭としての勤務中と同額を保障され、隠居後は行善を名乗り、江戸市中《しちゅう》の下谷《したや》の住まいに養子を迎えて、老後の安住をえた。養子とそりがあわず姪の藤波に愚痴をこぼすこともあったようであるが、養子に老後の面倒をみてもらう奥女中の暮しとして、珍しいことではない。同じく奥女中を引退した誓願院《せいがんいん》(元年寄滝川《たきがわ》)や、現役の大奥女中たちとの交流があり、寺社参詣にでかけたり、実家のある村を訪問するなど、文字どおり悠々自適といえる隠居生活を送った。九〇歳をすぎてからは、藤波に意味不明の手紙を書いたり、財産をいくらか人にとられることもあったようで、老耄の進行はぬぐうべくもなかったが、長い大奥勤務のあとの隠居生活は二〇年近くにおよび、一八五九(安政《あんせい》六)年、九一歳の長寿をまっとうしている。

黒田藩に仕えた工藤平助の養祖母は、退職にあたり、奉公中と同額の隠居料をもらっていたが、嫁のいる江戸築地《つきじ》の家に同居して、一〇年以上の老後をすごした。鳥取藩でも、年寄職を高齢までつとめた奥女中は、養子の家で隠居料に基づく老後の生活を保障された。福田は隠居後、名跡を立てることを認められ、みずからの福田家を興して、養子のもとで余生を送っている。

奥女中として高齢まで働いた功績を認められ、家を興した例は、数は少ないが多くの藩で確認することができる。徳島藩では、幕末の段階で家臣団の三%が女性を始祖とする家であり(根津二〇〇六)、若くしてなくなった側室に始まる家もあるが、多くは長くキャリアを積んだ奥女中が事実上の始祖であった家である。奥女中に養子が立てられることで、家が興されたり、再興された場合、いわば奥女中が家の始祖や再興の祖である。だが、系譜上にその地位が明記されている例は、皆無に等しい。ここには、女性の相続役割を認めないものとする武家のジェンダー観念が存在するが、家臣団の成り立ちと存続において、奥女中として高齢まで働いた女性の役割は小さくない。

庶民の隠居契約

老後の保障として隠居料を給付された武士と異なり、庶民は自力で老後の暮しを保持しなければならなかった。隠居慣行のある地域では、家督を跡取りに譲ったあとは、父や母として扶養される身となる。ただし、実際に隠居できるかどうかは、家の条件次第であり、家督を継げる跡取りがいることが、第一の前提である。跡取りがいなければ、老齢となっても当主や主婦の立場をおりることはできず、老後の時間が訪れることはなかった。

当主や主婦の座をおりることで家督世代により扶養される身となるのは、家産を相続させる見返りとして、老後の世話を受けるという扶養の規範が存在し、子どもには孝原理により親を養う責任が課せられていたからである。ただし、隠居の生活のすべてが家督世代に依存していたわけではなかった。

隠居慣行が成立していた地域で家産に余裕のある上層の家では、隠居夫婦が家産のなかから隠居料、隠居免、隠居分などといわれる固有の財産を確保し、家督夫婦の家から独立した隠居屋で暮すことがあった。隠居料は土地として確保されたほか、米や金銭、塩、味噌、薪などの現物を家督から給付される方法もとられた。その際、隠居と家督が隠居料の中身や将来の処分方法などを記した契約文書を取り交わすことも珍しくなかった。高木侃氏によれば、相続のトラブルを回避するための方策であったと指摘されている(高木二〇〇六)。

隠居分を夫婦の連名で確保していた例もある。出羽尾花沢《おばなざわ》の商家、島田屋《しまだや》鈴木《すずき》家の三代目八右衛門《はちえもん》(道祐《どうゆう》)の譲り状は、その一例を示している。一七一一(正徳《しょうとく》元)年、六一歳で隠居した八右衛門は、道祐を名乗り、四代目八右衛門を襲名した長男に宛てて、七カ条にわたる家訓《かくん》とともに、家産分与の方法を記した譲り状を書き残している(『尾花沢市史資料』第一二輯)。島田屋鈴木家は、元禄年間から正徳年間(一六八八〜一七一六)にかけて、紅花の買い継ぎや大石田河岸《おおいしだかし》の川船経営のほか、金融業を広げることで、地方豪商として発展した家である。

一六九二(元禄五)年、四二歳で家督を継いだ三代目八右衛門は、商人としての活動のかたわら、清風《せいふう》の俳号をもつ俳諧師《はいかいし》として知られた人物でもある。譲り状では、家産の大半を四代目八右衛門に相続させるものとしているが、家督以外の子女に対しても、まんべんなく田畑や金子《きんす》を配分している。近世前期の商家において一般的にみられた相続方法である。一方、「萩袋《はぎぶくろ》久兵衛新田《きゅうべえしんでん》」を隠居の道祐と妻おかやの連名の田地としている。夫婦で家督世代から独立して生活を営むための資産を確保したもので、隠居分に妻の名を連ねることで、この隠居地が夫婦双方に属することを明示し、さらに自身の没後の妻の生活を保障しようとしたのである。

隠居料のある上層の庶民女性は、夫の没後もこうした契約の存在により、老後の暮しを保障された。ただし道祐は三年後、隠居分の田地を息子の一人である八三郎に渡している。おそらく隠居分と引きかえに八三郎の世帯と同居し、老後の世話を受ける暮しを選択したものと考えられる。

隠居料がない場合に、親子間で相続と引きかえの扶養義務を契約することもあった。一六六〇(万治《まんじ》三)年、信州《しんしゅう》軽井沢宿《かるいざわしゅく》の問屋《といや》佐藤市右衛門《さとういちえもん》は、その遺言書に、自身の没後に子どもや孫が妻をないがしろにすることがあれば、妻は公儀へ訴えて子どもに譲った家産が没収されてもよいと、書き残している(森一九九四)。妻が夫の没後に息子や孫の孝心を頼りとするだけでは不安が残り、遺言であらかじめ妻の地位を確保しようとしたもので、逆にみれば、こうした契約を交わさなければ、親の扶養規範が存在した時代ではあっても、後家となった女性たちの暮らしは安泰ではなかったことを示している。

隠居女性の役割と活動

武士の家や、相応の資産のある農民や町人の家では、女性は姑として主婦権を嫁に委譲し、家事労働から解放されることで、あらたな役割や活動に時間を費やす隠居の年代をすごしていた。阿波《あわ》徳島藩の下級武士家の隠居であった上《うえ》田美寿《たみす》が古稀を迎えた年の一八五二(嘉永五)年からつづった「桜戸《さくらと》日記」▲を分析した棚橋久美子氏は、家の重鎮的立場を期待されるだけでなく、地域社会にあって頼りにされた美寿の姿を明らかにしている(棚橋一九九九)。

美寿は家事に携わる姿はほとんどみられない。嫁の雪《ゆき》の縫物を手伝い、来客

▼「桜戸日記」　上田美寿(一七八三〜一八五七年)が一八五二(嘉永五)年元旦から五七(安政四)年まで五年五カ月にわたり記述。徳島藩筆頭家老稲田氏の家臣であった夫官兵衛《かんべえ》の没後、美寿は息子隆三郎《りゅうざぶろう》・雪夫婦と四人の孫とともに美馬《みま》郡猪尻《いのしり》村(現、徳島県美馬市)で暮しており、周囲の人びとから「上田の御隠居」と呼ばれていた。

▼孝経　儒教一三経の一つ。編者未詳。孔子《こうし》と弟子の曾子《そうし》の問答形式で孝道について述べ、孝を最高徳目とし、治国の根本と説く。

が多い日の掃除の手伝いをすることくらいである。家事から身を退く隠居女性の姿は、豪農や大きな商家に基本的に共通している。

一方、美寿は、「老の出来る事を手伝ひて居る」として、正月や七夕などの祭礼の準備と、その折の客の接待を受けもっている。行事の準備には孫をともなうことで、その知識を伝授しようとした。家の年中行事に関する知識を次世代に伝えることは、実際、隠居や年寄りの大事な役割であった。

美寿は親族に武家奉公の口利《くちき》きを頼まれて紹介したり、養子縁組の相談に応じることもある。長い人生で蓄積されたのは経験的な知恵や、技能にとどまらない。血縁や地縁、さらに、亡き夫の仕事の関係で築かれた人脈や情報網が、地域から厚い信頼をよせられ、地域の内外の人の縁を結んでいたのである。

美寿の地域社会のなかでの役割にはもう一つ、寺子屋《てらこや》の師匠としての仕事がある。男女あわせて三〇人前後とみられる筆子《ふでこ》を早朝から昼すぎまで教えるのが、平均的な日課であり、亡くなる前年の七四歳まで、現役の師匠であり続けた。これには、徳島藩士稲田《いなだ》家に仕え、儒者《じゅしゃ》であり医者でもあった父の三宅《みやけ》松庵《しょうあん》から俳諧・詩歌《しいか》の手ほどきを受けて育ち、男子の学びと同様に孝経《こうきょう》▲や四《し》

▼四書　『大学《だいがく》』『論語《ろんご》』『孟子《もうし》』『中庸《ちゅうよう》』をあわせた儒教の教えの基本書。

書《しょ》▲など儒学《じゅがく》の基礎も授けられていた教育の履歴が背景にある。

美寿の隠居生活にはさらに、俳諧や和歌《わか》をよみ、作品を頻繁に仲間と交換する、個人としての文芸活動がみられる(棚橋二〇〇九)。経済的・文化的にめぐまれた家に生まれ育ち、幕末期の地域社会の経済的・文化的環境を背景になしえた活動であったことは確かであるが、隠居女性が参加する文化サークルの活動は、この時期、稀有な例であったわけではない。美寿のまわりをみわたすと、春霞《しゅんか》の俳号をもつ奥羽須賀川《すかがわ》(現、福島県須賀川市)の市原《いちはら》たよをはじめ、各地に文や短冊をやりとりする交友仲間がおり、それぞれの周囲に、隠居女性をメンバーとするサークルの存在を想定することが可能である。

十八世紀半ば以降、上層の庶民の家でも、隠居の女性には外出・外泊の機会が増加していた。それは女性の家内での役割の変化に基づくものでもあった。十九世紀前期から中期にかけて、武州《ぶしゅう》橘樹《たちばな》郡生麦《なまむぎ》村(現、神奈川県横浜《よこはま》市)の名主《ぬし》をつとめた関口《せきぐち》家では、姑おりゑ(五〇〜六〇代)は、孫娘の奉公先や、孫息子の塾への訪問が頻繁となるように、孫の世話をする用向きで江戸を往来した時期がある(長島二〇〇六)。川越藩領武蔵国入間《いるま》郡赤尾《あかお》村(現、埼玉県坂戸《さかと》市)で十九世紀前期に名主役をつとめた林家では、姑の外出は、寺社に家族の病気平癒《へいゆ》を祈願したり、嫁いだ娘や孫娘の家との親類交際を担う立場から、その回数がきわだっている(太田一九九一)。一方で、姑は、自身の娯楽や保養のための旅や外泊の機会もみられる。

柴桂子氏による女性の旅日記の分析によれば、女性の旅は十九世紀にはいって飛躍的に増加し、年齢でみれば五〇代でピークを迎えるが、六〇代での旅も少なくない(柴一九九七)。出雲《いずも》の庄屋の後家西村美須《にしむらみす》が亡き父や夫、子どもたちの菩提《ぼだい》をとむらうために西国三十三カ所巡礼《さいごくさんじゅうさんかしょじゅんれい》の旅にでたのは一八六〇(万延《まんえん》元)年、六〇歳を迎えたころであった。伊勢参詣《いせさんけい》・善光寺《ぜんこうじ》参詣も含めて一八五日間におよんだ旅は、のちに「多比能実知久佐《たびのみちくさ》」と題して記録に残された(柴二〇〇五)。山形城下の商家大坂屋治右衛門《おおさかやじえもん》の母豊《とよ》も、六〇歳となる一八六二(文久二)年に善光寺参詣に出立し、江戸や鎌倉も見物した約二カ月半の旅の足跡を「善光寺道中日記」に残した。老いの身でようやく念願の旅をかなえた女性たちが記した旅日記には、旅の経験に重ねてそれぞれの人生が刻まれている。

③—老いを寿ぐ

「諸国風俗問状答」にみる年祝い

江戸時代は長寿を祝う儀礼や習俗が、身分を超えて、広く地域に根付いた時代である。古来より朝廷《ちょうてい》・公家《くげ》社会に嘉例《かれい》として伝えられてきた算賀《さんが》の儀に加えて、四二歳の厄年《やくどし》、六一歳の還暦《かんれき》、七七歳の喜寿《きじゅ》などを祝う年祝いが地域の風習として定着していた。算賀は中国から伝来した年寿を祝賀する行事で、四〇歳から一〇年ごとに催されていた。四〇歳が賀祝《がしゅく》の始まりであったのは、この年が初老の年齢区分とみなされたからで、平安《へいあん》時代までは四〇歳がもっとも多く祝われていた(新村一九九一)。

屋代弘賢《やしろひろかた》▲が一八一五、一六(文化《ぶんか》十二、十三)年ごろ、国内各地の友人たちに、その地の風俗について質した問状に、「老人いはひ(祝)事」の項目がある。ここでは算賀の伝統を通例としたうえで、数えで六一歳と八八歳の年祝いをあげ、さらに長寿の祝いの有無をたずねている。表5(次ページ)は、この問状に対する答書である「諸国風俗問状答」▲から、各地の年祝いの年齢をまとめたものである。

▼**屋代弘賢**　一七五八〜一八四一年。幕臣《ばくしん》。国学者《こくがくしゃ》。一七八六(天明六)年江戸城書役《かきやく》となり、『国鑑《くにかがみ》』『藩翰譜続編《はんかんふぞくへん》』『寛政重修《かんせいちょうしゅう》諸家譜《しょかふ》』などの編纂に従事。一八〇四(文化元)年御奥右筆諸詰勘定格《おんおくゆうひつしょつめかんじょうかく》。江戸不忍《しのばず》池畔にある屋敷には五万巻もの蔵書を集め、不忍文庫と呼ばれた。

▼**「諸国風俗問状答」**　一八一五、一六(文化十二、十三)年ごろに屋代弘賢らが諸国の風俗を調べるために、各地の友人に四季の行事や冠婚葬祭のようすについてたずねた「諸国風俗問状」に対する回答書。全国二一地域の回答書が残る。『日本庶民生活史料集成』九(三一書房、一九六九年)所収。

●—表5　「諸国風俗問状答」にみる年祝い

地　　域	年祝いの年齢
出羽国秋田領	通例の祝いはない。男は25・42歳，女は33・37歳の厄年を祝う例あり。
陸奥国白川領	町方・在方ともに男子は25・42・88歳，女子は19・33・88歳の厄年を祝う。富裕な家では80歳も祝う。武家は42・50・60歳と10年ごとの祝い。
常陸国水戸領	通例の祝いのみ。
越後国長岡領	通例の祝いのほか，61歳を本卦還《ほんけがえ》り，88歳を米寿として祝う。90歳は養老の祝い。
三河国吉田領	通例の祝いのみ。
若狭国小浜領	42・61・70・80・88・90・100歳を祝う。通例の祝いもまれにあり。
丹後国峯山領	町方・武家は42歳で初老の祝いのあと，61・70・88歳を祝う。在方は42・61・70・84・88歳を祝う。
備後国福山領	25・33・41・50・61・70・80・88・90・96・100歳を祝う。
備後国深津郡本庄村	33・41・61・88・96・100歳を祝う。
備後国品治郡	近郷は通例の賀はまれ。33・41・61・88・96歳の祝いが多い。
備後国沼隅郡浦崎村	41・61・88・96歳を祝う。通例の祝いはなし。
淡路国	42・61・70・80・88歳を祝う。100歳もまれに祝う。
阿波国	41歳を厄入，42歳を厄流しとして祝う。以後61・70・88・100歳を祝う。
肥後国天草領	通例の祝いは一般的でない。88歳を祝う。

「諸国風俗問状答」(『日本庶民生活史料集成』第9巻)より作成。大藤修『近世村人のライフサイクル』89ページ表に加筆。

この表をもとに、長寿の祝いの特徴と地域的な広がりをみてみよう。

全体をみわたすと、四〇歳・四一歳・四二歳と三年の差があるものの、四〇代初頭で年祝いをしている地域が多く、以後節目の年代ごとの祝儀《しゅうぎ》の広がりが知られる。ただし、四十賀から一〇年ごとに節目を祝うという算賀を通例としているのは、常陸国水戸領《ひたちのくにみと》、越後国長岡領《えちごながおか》、三河国吉田領《みかわよしだ》だけで、全体的には、厄年や還暦・米寿《べいじゅ》を祝うところのほうが多い。越後国長岡領では、大方の年賀は、周囲から樽肴《たるさかな》や詩歌《しいか》などを贈られ、返礼として家に招いて酒を勧める樽開きを行うが、徹夜での祝宴のあと、夜明けに年祝いの当人を先頭に、同席の者が残らず鎮守《ちんじゅ》の社《やしろ》に詣で、神主から神酒《みき》を授けられる例もあり、一様ではないとされている。詩歌を贈られ、酒でもてなすという祝宴の形は、古代以来の算賀の伝統を踏まえたもので、その地方的な定着を示している。

一方、老年の年祝いだけでなく、厄年が少なからずあげられているのは、厄年と年祝いの密接な関係を示すものであり、生きていくうちに積もる厄や穢《けが》れを払い、生命力を更新する年とされた厄年を年祝いととらえる地域があった。

四〇代初頭は初老にはいる年として、とくに念入りな厄払いが行われている。

淡路《あわじ》国では、「四十二を初老、又厄払と云て、殊《こと》に重んず」とあり、行事は二年越しで催されている。四一歳の六月朔日《ついたち》を請厄《うけやく》といい、神棚を拵《こしら》え、檀那寺《だんなでら》の僧を招いて誦経《ずきょう》し、神酒・灯明《とうみょう》を供える。このとき麦の粉を近隣へ贈るところもある。四二歳を迎える正月には払厄《はらいやく》といって、十日から十四、五日のあいだに一夜棚を吊り、松竹をかざり、神酒・餅などを供え、親族近隣の人びとを招いて、夜どおし酒宴を催す。当人はこの日の夜中すぎに氏神《うじがみ》に参詣し、その途中、餅で身内《みうち》を撫《な》で、これを四辻へ捨てることがある。この夜はかへ鈎《かぎ》といって、さまざまに祝いをかたちどった作り物をして当家にもってきた者には、酒肴でもてなし、持参した品の良し悪しで銭や米・餅などをつかわす。その後六月朔日に棚を流して、儀式は終了した。阿波《あわ》国でも、四一歳を厄年とし、六月朔日に餅をついて村中に喜びの披露をし、四二歳を厄流しとして、素麵《そうめん》や干梅《ほしうめ》で祝いの客をもてなしている。

数えで六一歳の還暦以降の年祝いは、長寿を祝うという趣旨がはっきりしてくる。還暦は干支《えと》の組合せが生まれた年と同じになることから、本卦還《ほんけがえ》りとも呼ばれた。淡路国では、近隣から赤毛の綿絹などの襦袢《じゅばん》が贈られ、この襦袢は

▼蟹取小紋　宝づくしや鶴亀など縁起のよい絵を一面に配した文様。小児の産衣《うぶぎ》に用いる。

七〇歳の祝いでも着用する。ただしこれは男性の祝儀であり、女性の場合は、六一歳の祝いで蟹取小紋《かにとりこもん》▲の着物、または誕生時の着物と同様の着物を着る所があるように、男女の性別で祝儀に違いがある。

米寿の祝いにも独自の風習が生まれている。越後国長岡領では、米の祝いとして、餅をつき、福手《ふくで》(鏡餅《かがみもち》)にし、そのうえに寿の字を紅《べに》で書いて、親しい者に贈る。農家の老人の場合はその折、斗搔《とかき》といって、升《ます》に盛った米をはかる際に平らに搔き均《なら》す木を長さ八寸《すん》八分《ぶ》に切り、丸く削って餅にそえ、贈る習わしがある。女性は糸管《いとくだ》をみずからの手で切り、贈りものとした。八八歳の老人が斗搔をつくって贈る風習は、丹後《たんご》国峯山《みねやま》領、淡路国、阿波国、肥後《ひご》国天草《あまくさ》領でも共通している。男性が斗搔をつくり、女性は糸管を切り、ともに周囲の者たちに贈るという、男女の異なる米寿の行事が揃うのは、越後国長岡領、淡路国、肥後国天草領である。

斗搔は『日本国語大辞典』(小学館)によると、「穀物を枡《ます》で検査する際に、枡目を正確にするために枡をならす小さな棒」のことである。また、八八歳を迎えた人が斗搔を客に贈り、その風習から斗搔が米寿の異称に転じている地域として、香川県仲多度《なかたど》郡・三豊《みとよ》郡、熊本県阿蘇《あそ》郡・天草郡を例にあげている。沖縄県でも、ほぼ同様の米寿の習俗があり、現在まで米寿はトーカチの方言で定着している（『日本民俗大辞典　下』）。民俗学の調査研究では、四国や南九州・沖縄に習俗の広がりがみいだされているが、「諸国風俗問状答」からは、越後国長岡領での定着が知られ、江戸時代は東日本にも長寿の儀礼として根付いていたことが推しはかられる。ただし、斗掻をつくって贈ることが米寿の行事とされた事由は、不明である。八八歳という年齢とあわせて推測をたくましくすると、米の実りを象徴する年齢の人びとが米を均す道具をみずからつくることに、豊作への祈りがこめられたものだろうか。

一方、女性の米寿の行事とされた糸管切りであるが、『日本国語大辞典』によると、糸管は「裁縫用具の一つ。緯《よこいと》を紡錘《ぼうすい》状に巻きつけて杼《ひ》▲の中に納める管」と説明がある。男性が斗掻をつくり、女性が糸管を切って配るという祝儀のあり方は、年を重ねてきた人の幸運にあやかろうと願う人びとの思いによりそい、米寿を迎えた人が、みずから手がけた道具を贈ること自体に意義があったのではないだろうか。

▼杼　織物をつくるときの道具。緯を巻いておさめた平らな舟型の器で、経《たていと》のあいだに緯をとおすのに用いる。

なお、年祝いは、当人を中心に家として催す祝いの儀礼であり、親族や近隣とのあいだで餅や酒・衣服などの贈答が付随しているが、九〇歳以上の祝いは、領主による養老の祝いとあわせて催される地域もある。越後国長岡領では、九〇歳の祝いを領主から養老の施し▲があって開くものとするが、長岡藩は十八世紀半ばから九〇歳の者に養老扶持《ぶち》を支給しており、この養老扶持の支給をさすものだろう。備後《びんご》国では、九六歳で藩主から扶持が下賜《かし》されると、鏡餅を献上し、これを機に親類や懇意の者で祝儀が開かれている。

菅江真澄がみた百賀

老婆の百賀に家族や知人が集い、晴れやかな祝儀が催されたようすが、菅江《すがえ》真澄《ますみ》▲の日記「はしわのわか葉」(『菅江真澄全集』第一巻)に記されている。

一七八六(天明《てんめい》六)年の正月を仙台《せんだい》藩領胆沢《いさわ》郡徳岡《とくおか》(現、岩手県奥州《おうしゅう》市)で迎えた真澄は、四月から六月まで東磐井《ひがしいわい》郡大原《おおはら》(現、岩手県一関《いちのせき》市)の地に移り、付近を巡遊してすごしていたが、五月九日、白山《はくさん》村六日入《むいかいり》(現、岩手県奥州市)の鈴木常雄《すずきつねお》の家を訪ねると、黒助《くろだすけ》(現、岩手県奥州市)という小さな山里に一〇〇

▼**領主から養老の施し**　長岡藩の近隣、越後新発田藩では、一八五〇(嘉永三)年以降、八〇歳以上の高齢者が男性は手づくりの黒大豆《くろだいず》や白小豆《しろあずき》、女性は手織の木綿《もめん》や布を藩主に献上し、これに対して藩主から米一俵を下賜されるのが慣例となっている(『新津《にいつ》市史』)。健康と長寿を領主による冥加《みょうが》として報恩《ほうおん》を意識させたものと考えられる。

▼**菅江真澄**　一七五四〜一八二九年。遊歴の文人。歌人。三河国生まれ。一七八三(天明三)年、信濃《しなの》、越後をへて出羽《でわ》国にはいり、その後津軽、蝦夷地《えぞち》まで足を延ばし、故郷に戻ることなく奥羽各地の風俗や名所旧跡を記した日記紀行文を残す。秋田藩主佐竹義和の命により『雪の出羽路平鹿《ひらか》郡』『月の出羽路仙北《せんぼく》郡』など出羽六郡の地誌も著述。著作は『菅江真澄全集』などに所収。

歳の老婆がいて、今日その長寿を祝って酒肴を贈るので、一緒にいこうと誘われた。加美《かみ》川を船で渡って江刺《えさし》郡(現、岩手県奥州市)にはいり、行道という人物を誘って三人でその老婆の家を訪問すると、孫と思われる五〇歳の男がでてきて、幅の広い袴《はかま》の襞《ひだ》を整えながら、遠路を訪ねたことの礼を述べた。そこで持参した酒肴を老婆の前にすえおいた。

老婆は麻苧《あさお》の糸績《いとう》み(麻苧の茎皮《くきかわ》を細くさき、よりあわせて糸にする)作業をしていたが、これをとめて、手をつき、礼をする。耳はよく聞こえ、目は清く澄んで、髪は黒髪がまじり、歯は一つもぬけずに黒々と鉄漿《かね》つけがなされていて、七〇代か八〇代のようで、とても一〇〇歳の老婆にはみえなかった。老婆には藩主から、褒賞の品があたえられた。さらに、老女に酒を勧めて、その末の盃がほしいといって、同席の人びとが皆でこれを回し飲みをした。

老婆は一三歳でこの家に嫁いで以来、八〇歳となった子や、五〇歳となる孫がいる。そのほか親族や一族の者たちが所狭しと居並び、盃を何度もまわすうちに、みな酔いがまわり、孫の一人が傘を開き扇をもって唄い舞うさまは、まるで中国の都《みやこ》の子、老莱子《ろうらいし》が舞い戯れて倒れたのに似ていると、みな声をあげてはやした。真澄は「も、とせ（百歳）の親に仕ふる楽しさ人も千とせ（歳）の齢《とし》をや経ん」とよみ、一〇〇歳の親に子として仕える幸せと、さらなる長寿を願う気持ちを託している。

長寿の祝儀は、その血縁に連なる者たちにとってはとくに、一族の繁栄を確認する歓喜の一時《いっとき》であったのだろう。そして老婆の杯を何度も回し飲みすることで、一同に、それぞれの長寿のあやかりを願ったのである。

歴代将軍の算賀

将軍家では、古来の算賀の伝統を踏襲して、四〇歳から一〇年ごとの年祝いを催している。表6（次ページ）は、『徳川実紀《とくがわじっき》』▲から歴代将軍の算賀の記述を抽出したもので、四代将軍家綱《いえつな》から十代将軍家治《いえはる》まで、在職中の算賀の開催を確認できる。七代家継《いえつぐ》、十三代家定《いえさだ》、十四代家茂《いえもち》の三人は四〇歳以前に死亡しており、十五代慶喜《よしのぶ》は四〇歳前に将軍の座をおりているので、記述はない。初代家康《いえやす》・二代秀忠《ひでただ》・三代家光《いえみつ》・十一代家斉《いえなり》については、『徳川実紀』に記述がなく、その事由は定かではない。この点を念頭にいれながら、将軍の年祝いの特徴を

▼『徳川実紀』　江戸幕府が編纂した歴史書。初代将軍徳川家康から十代将軍徳川家治までの治績を編年体で記録する。

●─表6　歴代徳川将軍の算賀

将軍名	誕生月日	在職期間	四十賀	五十賀	六十賀
㊗家康〔75〕	12月26日	1603.2.12～1605.4.16			
②秀忠〔54〕	4月7日	1605.4.16～1623.7.27			
③家光〔48〕	7月17日	1623.7.27～1651.4.20			
④家綱〔40〕	8月3日	1651.8.18～1680.5.8	1680.2.3		
⑤綱吉〔64〕	1月8日	1680.8.23～1709.1.10	1684.11.9	1695.1.9	1705.1.9
⑥家宣〔51〕	4月25日	1709.5.1～1712.10.14		1711.3.13	
⑧吉宗〔68〕	10月21日	1716.8.13～1745.9.25	1723.1.21	1733.1.21	1743.1.21
⑨家重〔51〕	12月21日	1745.11.2～1760.5.13	1750.2.1	1760.3.23	
⑩家治〔50〕	5月22日	1760.9.2～1786.9.8	1776.11.15	1786.3.7	
⑪家斉〔69〕	10月5日	1787.4.15～1837.4.2			
⑫家慶〔61〕	5月14日	1837.9.2～1853.7.22			1853.5.15

将軍名の丸付は代数を，〔　〕内は享年を示す。享年，誕生月日，在職期間は『日本史広辞典』による。『徳川実紀』より作成。

●─表7　五代将軍綱吉の五十賀・六十賀

贈り主	五十賀1)の贈呈品	六十賀2)の贈呈品
松平綱豊(綱吉後嗣)	二種一荷	鳩杖・銀1000枚・時服100・三種二荷
紀伊徳川光貞	二種一荷	一種
尾張徳川綱誠	二種一荷	
尾張徳川光友	箱肴	
尾張徳川吉通		二種一荷
水戸徳川綱條	二種一荷	二種一荷
水戸徳川光圀	箱肴	
水戸徳川吉孚		一種
紀伊徳川綱教	箱肴	二種一荷
加賀前田綱紀	二種一荷	二種一荷
桂昌院	樽肴	二種一荷(綱吉から檜重一組，二種一荷)
御台所	樽肴	同　(綱吉から檜重一組，二種一荷)
簾中の方	樽肴	同　(綱吉から檜重一組，二種一荷)
鶴姫	樽肴	
五丸の方		同　(綱吉から檜重一組，二種一荷)
八重姫		同　(綱吉から檜重一組，二種一荷)
千代姫	樽肴・時服	
溜詰		二種・樽代1000疋
宿老	二種一荷・檜重一組	
側用人	二種一荷・檜重一組	
老臣		檜重一組・二種・樽代1000疋
少老	肴一種・千疋・菓子一箱	干菓子一箱・一種・樽代500疋
井伊直該	二種千疋	
松平頼常	二種千疋	
保科正容	二種千疋	
柳沢保明(吉保)	屏風一双	奉賀の詩を記した屏風一双と品々
柳沢保明妻	衣服と和歌	
柳沢安貞	造物島台・酒肴	
黒田直邦	賀詩	
林大学頭信篤	賀詩	
知足院僧正隆光	詩歌	
松平光長		一種
本庄資俊		二種・樽代1000疋
松平正久		一種・500疋
隠居大久保忠朝		一種・500疋
隠居牧野成貞		一種・500疋

1)＝1695(元禄8)年1月9日，2)＝1705(宝永2)年1月9日。『徳川実紀』第6編より作成。

みておこう。

四十賀は、四代将軍家綱から、八代吉宗《よしむね》の時代までは、身近な親族との贈答儀礼が、奥を場として執り行われている。家綱の四十賀は、一六八〇（延宝《えんぽう》八）年二月三日、「初老の御賀」として、大奥《おおおく》で催された。館林《たてばやし》・甲府《こうふ》両邸に鶴・錫《すず》・昆布・酒樽二荷《か》を贈り、両邸からは三種二荷が献上されている。ごく内輪での小規模な贈答であった。五代将軍綱吉《つなよし》▲は、「徳川幕府家譜」（『徳川諸家系譜』第一）によれば、一六八四（貞享元）年十一月九日に四十賀を祝っているが、ただし「常憲院殿《じょうけんいんでん》御実紀」では、この日は生母桂昌院《けいしょういん》の従三位《じゅさんみ》叙任《じょにん》の祝賀が開かれたことを伝えており、綱吉の四十賀の開催は確認できない。八代吉宗の四十賀は、「御年賀の筵《えん》」として四代家綱同様、大奥で催され、尾張《おわり》藩主徳川継友《つぐとも》、加賀《かが》藩主前田《まえだ》綱紀《つなのり》、同子吉徳《よしのり》など、一族・縁戚大名《だいみょう》から酒樽などを贈られている。

これに対して九代家重《いえしげ》、十代家治の時代になると、四十賀は親族の範囲を広げ、献上品の数量もふえ、溜詰《たまりつめ》▲の大名からも献上物があるなど、表の儀礼となって、大規模化している。

▼五代将軍徳川綱吉　一六四六～一七〇九年。在職一六八〇～一七〇九（延宝八～宝永六）年。父は三代将軍家光。母は桂昌院。上州《じょうしゅう》館林藩主から将軍家綱の養子となり宗家《そうけ》を継ぐ。院号常憲院。

▼溜詰　江戸城に登城した際、黒書院《くろしょいん》の溜間《たまりのま》に席をあたえられた大名。親藩《しんぱん》や譜代《ふだい》の重臣から選ばれた。

一方、五十賀・六十賀は、五代綱吉の時代から確認できるが、四十賀と異なり、はじめから表の儀式として執り行われ、献上品の数量も多い。表7(六四ページ)は五代将軍綱吉の五十賀・六十賀の贈り物をまとめたものである。一六九五(元禄八《げんろく》)年正月九日の誕生日▲に催された五十賀は、紀伊《きい》・尾張・水戸の御三家《ごさんけ》、のちに後嗣となる甲府藩松平中納言綱豊《まつだいらちゅうなごんつなとよ》をはじめ、加賀藩前田綱紀、井伊直該《いいなおもり》、松平讃岐守頼常《さぬきのかみよりつね》、保科正容《ほしなまさかた》ら縁戚の大名、宿老《しゅくろう》、側用人《そばようにん》などから、酒肴、檜《ひのき》の重箱《じゅうばこ》、菓子などの祝いの品々が献上され、綱吉生母の桂昌院、御《み》台所《だいどころ》、鶴《つる》姫、千代《ちよ》姫など奥の女性たちも樽肴、時服《じふく》などを奉呈している。

そうしたなかで側用人柳沢保明《やなぎさわやすあきら》(のちに吉保《よしやす》▲と改名)は、屛風一双《びょうぶいっそう》の片方に南極寿星の絵を描き、さらにみずからよんだ詩をしたため、もう片方には西王母《せいおうぼ》の絵と和歌《わか》を描いて献上し、保明の正室《せいしつ》定子も、若松・若竹の模様を染めた着物とともに、和歌を奉呈している。綱吉恩顧の立場を披露するかのようであるが、算賀の祝儀にあたり和歌の贈呈は、古来続いてきた風習であり、黒田直《くろだなお》邦《くに》▲や儒臣《じゅしん》の林大学頭信篤《はやしだいがくのかみのぶあつ》▲、知足院《ちそくいん》僧正隆光《りゅうこう》▲も、詩歌を献上している。

綱吉の一七〇五(宝永二《ほうえい》)年正月九日の六十賀は、「耳順《じじゅん》の御賀」と記され、祝

▼誕生日　五代将軍綱吉は五十賀・六十賀を誕生日を祝う日にあわせて一月九日に催した。綱吉は一月八日の生まれであったが、前代家綱の忌日が五月八日であったので、将軍就任時から誕生祝いを九日とした。綱吉以外の将軍は賀祝を誕生日と別の日としている。

▼柳沢保明(吉保)　一六五八～一七一四年。初め房安《ふさやす》、保明、出羽守。館林藩士の家に生まれ、綱吉の将軍就任とともに幕臣となり、一六八八(元禄元)年、側用人。一七〇一(元禄十四)年、松平美濃守《みののかみ》吉保と改める。一七〇四(宝永元)年、甲府藩一五万石藩主となり、一七〇六(同三)年、大老格《たいろうかく》。

▼黒田直邦　一六六六～一七三五年。旗本中山《はたもとなかやま》直張の三男。母は館林藩家老黒田用綱《もちつな》の娘。正室は柳沢吉保養女。外祖父《がい》の黒田用綱の養子となり、徳川徳松《とくまつ》の側近として仕えた。徳松早世後、小納戸《こなんど》

役《やく》や小姓を歴任、徳川綱吉に重用され一七〇〇（元禄十三）年、大名に列する。一七〇三（元禄十六）年、常陸国下館《しもだて》藩主、三二（享保十七）年、上野国《こうずけ》沼田《ぬまた》藩主。

▼**林大学頭信篤**　一六四四〜一七三二年。幕府儒官《じゅかん》林《はやし》鵞峯の子。将軍綱吉に重用され城中での経書講義を林家《りんけ》の役とする。一六九一（元禄四）年、家塾の孔子廟《びょう》が塾ごと湯島《ゆしま》に新築移転されると（湯島聖堂《せいどう》）、その祭祀《さいし》役。

▼**知足院僧正隆光**　一六四九〜一七二四年。新義真言宗《しんぎしんごんしゅう》の僧侶。一六八六（貞享《じょうきょう》三）年、湯島知足院の住持《じゅうじ》。将軍綱吉・実母桂昌院の帰依《きえ》を受け、大僧正に昇進、幕府の護持僧《ごじそう》として生類憐《しょうるいあわれ》みの令などの政策にも関与した。

▼**『松蔭日記』**　柳沢吉保の側室、正親町町子著。吉保が側用人から老中に上り詰め、栄華をきわめるまでのようすを和文体で記述。

いの品の献上は、後嗣綱豊をはじめ徳川一族、縁戚大名、奥の女性家族、表役人など、五十賀とほぼ同様の範囲であるが、品数も内容も五十賀をしのいでいる。継嗣と定めた徳川綱豊からは、鳩杖《はとのつえ》・銀一〇〇〇枚・時服一〇〇・三種二荷が贈られた。

柳沢吉保からの献上品は、『徳川実紀』では、「奉賀《ほうが》の詩をしるし（記）た屏風一双と品々」とあり、五十賀と同様の品の奉呈があったことが知られる。一方、吉保の側室《そくしつ》正親町町子《おおぎまちまちこ》の『松蔭日記《まつかげにっき》』▲によると、「れいざま（例様）にまさり（優）て、とりわきたるみやび（雅）をなしつくさせたまふ」とあり、ほかに例のない、雅《みやび》をつくした品を用意したことがわかる。その一つが、「銀の杖」であった。千代を一節に託し、五節からなる竹のつくりに五葉をほどこしたもので、これを青い金襴《きんらん》の袋におさめ、さらに袋のうえに、「君にけささ（捧）ぐる杖のふし（伏）ておもひ（思）おきてぞあふ（仰）ぐ千代の行すゑ（末）」とよんだ和歌を糸で縫い散らし、あざやかな赤色の房をつけていた。前年十二月に吉保は、甲府藩主松平綱豊が綱吉継嗣に決まったことにともない、甲府藩一五万石《ごく》に封じられている。この恩に応える最大の礼を、銀製の杖の献上に託したということになろう。『松蔭日記』によれば、他の人びとからも多くの献上品があり、和歌の奉呈も覚えきれないほど多かったとある。
六代将軍家宣《いえのぶ》の五十賀では、奥で猿楽《さるがく》の宴が催され、家宣みずから舞を披露した。御台所は鳩杖・脇息《きょうそく》・四季屏風・檜の重箱に肴をそえて、祝いの品を贈っている。その後八代吉宗から十代家治まで、同様に贈答を中心に行われているが、この時期まで将軍家の算賀は、舞楽《ぶがく》が演じられ、頌歌《しょうか》が贈られ、自製の和歌を披露するという、古代以来の伝統的な祝宴の形が受け継がれている。

十二代将軍家慶《いえよし》の時代は、算賀の開催がすたれたのか、『徳川実紀』に四十賀・五十賀の記述はない。一八五三（嘉永《かえい》六）年五月十五日に家慶の「六十一の御祝」が開かれ、高田馬場《たかだのばば》で流鏑馬《やぶさめ》が催されたものの、「月次《つきなみ》の賀例のごとし《（如）》」（『続徳川実紀』二）という小規模なもので、参観者は松平讃岐守・堀田備中守《ほったびっちゅうのかみ》をはじめ、わずか三人であった。家慶はこの祝いから二カ月後に病没しており、還暦の祝いは当人不在で催された可能性がある。

大名の年祝い

大名の年祝いは、『徳川実紀』に、仙台藩主伊達吉村《だてよしむら》▲の五十賀、忍《おし》藩主阿部正《あべまさ》

▼**伊達吉村**　一六八〇～一七五二年。陸奥仙台藩六二万石、五代目藩主。家格一門の宮床《みやどこ》伊達氏当主から四代藩主綱村《つなむら》の養子となり宗家を継ぐ。四〇年にわたる治世で財政再建、学問奨励など多くの政策に取り組み、中興の祖と位置づけられている。

喬《たか》▲の六十賀、薩摩《さつま》藩主島津重豪《しまづしげひで》▲の八十賀などの開催の記録があり、将軍と同様に算賀の賀宴を継承している。幕府《ばくふ》に開催が報告される公的な儀礼の様相をもっていたが、なかでも将軍綱吉の側用人から老中《ろうじゅう》に昇進した柳沢吉保の五〇歳の賀宴は、一七〇七(宝永《ほうえい》四)年正月十八日、将軍綱吉みずから主催して開かれ、吉保の栄達を世に知らしめるものとなった。綱吉から祝いの品として、鳩杖をはじめ、兼永《かねなが》の刀、東方朔《とうぼうさく》・西王母の画屏風、綿二〇〇把、三種二荷などが下賜され、妻子にも品々賜り物があった(『徳川実紀』六)。

吉保がその後一七〇九(宝永六)年五月二日に母の八十賀、同月五日に妻の五十賀を催した際も、将軍から当人に綿二〇〇把、檜の重箱、三種二荷を下賜され、御台所および側室からも賜り物があり、吉保に対しても、将軍から檜重、三種二荷が下賜されている(『徳川実紀』七)。

算賀にみえる杖の贈与

ところで、将軍綱吉の六十賀や家宣の五十賀に奉呈され、柳沢吉保の五十賀で下賜された鳩杖というのは、鳩が物をついばむときにむせないとされること

▼**阿部正喬**　一六七二～一七五〇年。武蔵《むさし》忍八万石藩主。五代将軍綱吉のもとで二四年間老中をつとめた阿部正武《まさたけ》の長男。奏者番兼寺社奉行をへて、一七一一(正徳《しょうとく》元)年から一七(享保二)年まで老中。

▼**島津重豪**　一七四五～一八三三年。薩摩鹿児島藩八代目藩主。正室は一橋宗尹《ひとつばしむねただ》の娘保姫《やすひめ》。中国、西欧の文化に強い関心を示し、財政難のなかで開化政策を推進した。三女茂姫《しげひめ》(広大院《こうだいいん》)が将軍家斉の御台所となったのを機に隠居したが、その後も将軍の岳父として権勢を誇り、藩政の実権を握った。

●——図9　鳩杖の絵（「秋田藩明徳館釈奠儀式」『秋田沿革史大成下巻』）

▼藤原俊成　一一一四〜一二〇四年。中世初頭の歌人。一一五〇（久安《きゅうあん》六）年、崇徳上皇《すとくじょうこう》主催の『久安百首』の作者に加えられ、その部類を任されて頭角をあらわす。以来、数多くの歌合《うたあわせ》の判者をつとめて歌界の指導的立場となる。『千載《せんざい》和歌集』の撰者となるにおよんで第一人者の地位を不動のものとした。

にあやかり、頭部の握りに鳩の飾りをほどこした、特別なしつらえの杖である。『古事類苑《こじるいえん》』例式《れいしき》部・器用《きよう》部には、鳩杖の賜与《しよ》がはっきりする事例として、一二〇三（建仁《けんにん》三）年、藤原俊成《ふじわらのとしなり》▲の九十賀に銀製の鳩の飾りをつけた杖が贈られたことをあげている。『日本国語大辞典』（小学館）には、鳩杖は宮中《きゅうちゅう》で八〇歳以上の者に賜与されたことから、八〇歳以上の異称として用いられるようになったという説明もある。

鳩杖や銀の杖に限らず、高齢者の年寿に際して杖を贈ることは、中国の風習を受けて奈良時代の朝廷に始まった慣例であった。『礼記《らいき》』曲礼篇《きょくらいへん》上に、「大夫《たいふ》七十にして事《こと》を致《いた》す。若《も》し謝を得ざれば、則ち必ず几杖《きじょう》を賜う」とあり、本来は大夫階層が七〇歳で致仕《ちし》を許されない場合に几杖を賜ったものであったが、奈良時代の日本ではとくに議政官《ぎせいかん》ないし公卿《くぎょう》という特権的な官僚に限定して、古稀を超えた年齢で致仕を許されない場合に贈られるものとなった（安田一九九二）。この歴史を踏まえると、江戸時代の将軍や大名の算賀にみられる杖の贈与は、古来の朝廷の伝統を踏襲したものではあろうが、独自の政治的意味合いも生まれている。

第一に、杖の贈与は将軍から大名への下賜だけでなく、将軍の身内による贈呈があり、さらに大名から将軍へ献上される例もあったことである。柳沢吉保の五十賀に際して綱吉から鳩杖が贈られたのは、特権的な臣下《しんか》に対して杖を賜与する古来の伝統を踏まえた行為であろう。これに対して、綱吉の六十賀での徳川綱豊、家宣の五十賀での御台所による鳩杖の贈呈は、ともに将軍の近親者の立場で贈ったものであり、下賜としての杖の慣例とは異なる趣向である。さらに、綱吉の六十賀に際して、柳沢吉保が銀の杖を奉呈したことは、杖を下賜するという古代以来の伝統を塗りかえている。柳沢吉保と綱吉の親密な関係から許されたものだろうが、周囲の大名に対して吉保の特別な地位を認識させるものとなったことだろう。

第二に、贈与の年齢は中国にならい、また古代以来の伝統を踏まえれば、七〇歳以上となるが、将軍家宣も柳沢吉保も、五〇歳にして鳩杖を贈られている。長寿を先取りし長命を祈念する意味が杖の贈呈に託されたものと考えられる。

第三に、江戸時代後期になると、鳩杖の下賜は大名と家臣《かしん》、さらに領民との関係にも広げられた。後述するように、秋田藩では一七九三(寛政《かんせい》五)年から藩《はん》校《こう》の礼式として養老式《ようろうしき》が開催され、その際士分は男性八〇歳・女性八五歳、農民・町人は男性八五歳・女性九〇歳の者に対して、鳩杖が贈られた(『秋田沿革史大成　下巻』)。家臣だけでなく、領民への下賜物となったことは、領内全体に養老思想を普及させる政策の道具として鳩杖にあらたな役割があたえられたことになろう。

養老の儀式

長命であることは領主の称揚の対象となり、高齢まで働く庶民や武士が褒賞されたことは、前章で述べた。十八世紀半ば以降、高齢者の褒賞は、広く幕藩《ばくはん》の施策として推進されていく。

一方、当該期は、「養老式」や「年長祝い」の名のもとに、領内の高齢者をいっせいに城や役所に召喚し、藩主みずから酒食で饗応《きょうおう》する催しが行われている。養老式を藩校の儀式に取り入れ、定着させた藩もある。こうした養老の儀式は、古代国家の儒教《じゅきょう》的倫理に基づく「郷飲酒礼」▲を踏襲したものと考えられる。領民の長命化と、これに連動する高齢化を背景に、儒教の基本徳目の一つである

▼**郷飲酒礼**　律令制《りつりょうせい》下の村では、豊作を祈願する春の田祭りの共同飲食に際して、子弟は六〇歳以上の老人に多くの料理を用意し給仕するものとされた。『令義解《りょうのぎげ》』(令の注釈書)には、六〇歳以上の者は座し、五〇歳以下の者は立侍し、料理は六〇歳以上には三皿、七〇歳以上には四皿、八〇歳以上には五皿、九〇歳以上には六皿を用意することとあり、尊老・養老の礼を示すための具体的な行為として教え込まれたものといえる(新村一九九一)。

養老が、改革政治の中核に位置づけられることになった。
米沢《よねざわ》藩では、九代藩主上杉治憲《うえすぎはるのり》▲の時代の一七七七（安永《あんえい》六）年から、九〇歳以上の長寿者を対象とする養老の儀式が開始された（横山昭男氏のご教示による）。この年は十一月六日に陪臣《ばいしん》を含む藩士の家族四人を殿中《でんちゅう》三之間下座《げざ》に招き、藩主治憲と隠居重定《しげさだ》が御座之間・二之間に着座し、一同に祝いの詞《ことば》を述べ、ついで三之間にさがり聴聞ののちに、衣服一領と、重定からの金一〇〇疋《ひき》を下賜し、さらに四之間で酒・肴二種・菓子で饗応し、その席でもねぎらいの言葉をかけた（『上杉家御年譜九　治憲公(1)』▲）。最高齢九三歳の中条《なかじょう》組長尾権四郎《ながおごんしろう》家来小倉栄助《おぐらえいすけ》祖母をはじめ、招聘《しょうへい》された四人は、いずれも女性である。

なおこの日は、日ごろ当人の世話をしている娘・嫁など家族二、三人ずつが、「取扱候者」として付添いを命じられ、饗応に際して給仕する姿を藩主治憲が熟覧《じゅくらん》している。召喚された家族には饗応にさきだって、当人の「口腹《くちはら》」にかなう料理を取りそろえ、粗末のないように給仕するように、指示がだされた。家族が退去したあと、治憲は、「其心ノ誠《まこと》ナル、実ニ人ノ孫子《そんし》タルモノ、老を扶《たすく》ルノ道、貴賤共ニ斯《これ》アルヘキ」と、養老の模範となる介助の姿であることを確認し

▼**上杉治憲**　一七五一〜一八二二年。引退後の号は鷹山《ようざん》、出羽米沢藩九代藩主。財政再建・殖産興業《しょくさんこうぎょう》・藩校興譲館《こうじょうかん》の再興などの藩政改革に取り組み、のちに名君と評された。

▼**『上杉家御年譜』**　市立米沢図書館蔵。国宝。米沢藩の正史《せいし》として編纂。上杉家初代謙信《けんしん》から十四代茂憲《もちのり》までの年譜三八七巻、十代治憲世子顕孝《せいしあきたか》の年譜四巻、分家米沢新田藩二代二六巻、計四一七巻からなる。米沢温故会編『上杉家御年譜』全二四巻（一九七七〜八六年）、『上杉家御年譜　別巻　総目録・総索引』（一九八九年）として原書房から刊行。

●──図10　米沢藩の高齢者(90歳以上)の表彰名簿(部分)

ている。家族の給仕の姿に感心した治憲は、隠居所に別居する重定に対して朝な夕なに付き添い、膝下《しっか》に仕えるような孝養がたりないことを自省し、重定を招請した日ばかりは、みずから給仕することを決めた、と伝えられている。長寿を称揚する儀式は同時に、家族に対して尊老の精神を喚起する仕掛けが用意されていた。藩主治憲が隠居の養父を同席させたことは、みずから尊老の範を示していたことになる。

二日後の十一月八日には、庶民の九〇歳以上の者を城下《じょうか》の代官所《だいかんしょ》に集め、治憲と隠居重定が表座敷上段に着座し、三之間下座に召しだして謁見《えっけん》したあと、二之間へさがって招請者の昔咄《むかしばなし》を聞いた。彼らを武士家族と同様の酒食で饗応し、玄米三俵と、重定から金一〇〇疋を下賜している。当年九八歳の小国大滝《おぐにおおたき》村(現、山形県西置賜《にしおきたま》郡小国町)五右衛門《ごえもん》の母以下、男性一一人・女性七人が該当者であったが、遠路と病気の者を除き、参上したのは一〇人であった。

仙台藩では、一八四九(嘉永二)年三月三日から六日にかけて、八〇歳以上の者を城内に招聘し、藩主伊達慶邦《だてよしくに》が謁見して年長を祝っている。諸士の家族の女性については、仙台城中奥《なかおく》において謁見が行われ、その対象者は表3(二九ページ)のとおり三二人で、八〇代が二九人、九〇代は二人である。病気で登城できなかった七人を除き、二四人が祝いを受けたことになる。士分《しぶん》の男性の該当者は、前章で述べたように三五人おり、八〇代が三三人、九〇代が二人で、饗応の膳《ぜん》として鶴の吸物、酒肴、赤飯がふるまわれた。凡下扶持人《ぼんげふちにん》男女は、城の奥の対面所庭で、町人《ちょうにん》・百姓《ひゃくしょう》は大手門《おおてもん》脇などで、藩主の謁見が行われている(『源貞氏耳袋《みなもとさだうじみみぶくろ》』6)。

藩校の養老式

秋田藩と弘前《ひろさき》藩は、ともに寛政年間(一七八九〜一八〇一)に、藩校で養老の礼式を開始している。秋田藩は九代藩主佐竹義和《さたけよしまさ》▲による改革政治のなかで、政務に有用な人材の育成をめざして一七九三(寛政五)年、久保田《くぼた》城下に藩学明道館《はんがくめいどうかん》(のちに明徳館《めいとくかん》と改称)を開学し、在方の郷学《ごうがく》をあわせて学館体制を整備した。儒学《じゅがく》の先聖先師《せんせいせんし》(孔子《こうし》とその門人)の霊をまつる釈奠《せきてん》の儀式とあわせて、養老の礼式を藩校の定式の儀式とし、以後基本的に藩主が在国の年の八月に儀式を執り行うこととした。領民すべてを養老の対象としたが、近進並《きんしんなみ》以上の士分はその

●—図11　上杉鷹山像(左近司惟《さこんじこれ》春《はる》画)　惟春は米沢藩士。

▼佐竹義和　一七七五〜一八一五年。出羽秋田藩九代藩主。農村復興、諸産業の振興、藩学明道館(のち明徳館)や郷校の設立による教育の振興、人材育成などの政策を推進した。

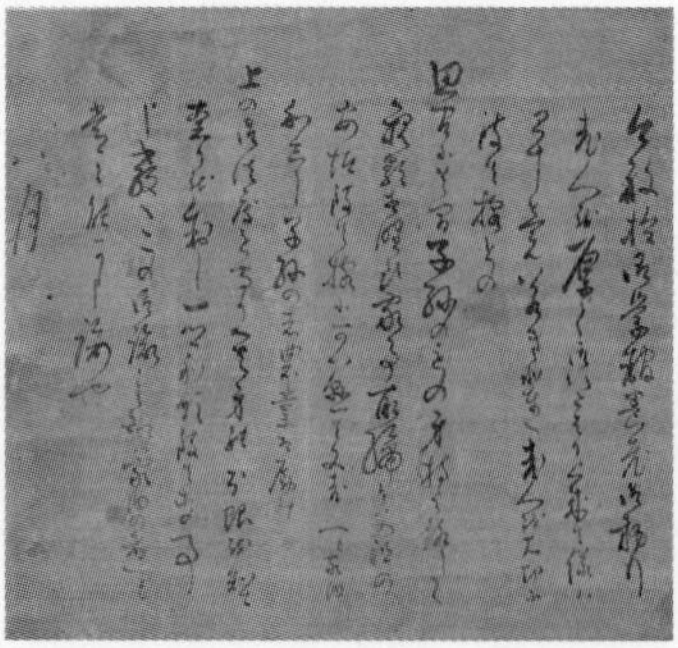

●—図12　秋田藩「養老式」の教諭書

▼津軽寧親　一七六五〜一八三三年。陸奥弘前藩九代藩主。分家黒石家《くろいしけ》当主から藩主津軽信明《のぶあき》の養嗣子となり、跡を継ぐ。一七九六（寛政八）年、藩校稽古館を創設。

家の隠居や無役の者も含めて男性七〇歳、女性七五歳以上、歩行《かち》以下軽き奉公《ほうこう》の者と在々給人《きゅうにん》は男女とも八〇歳以上、百姓・町人は男女とも九〇歳以上と、身分と性別の格差を設けたうえで、教諭書と金子《きんす》をあたえた。さらに前述したように、八〇歳以上の者に対して、身分と性別の格差をつけて鳩杖を下賜している（『秋田市史　第三巻　近世通史編』）。

弘前藩では、一七九六（寛政八）年七月に藩校稽古館《けいこかん》が開学し、三〇〇人ほどが入学していたが、翌九七（同九）年二月二十六日に正面中央の格物堂《かくぶつどう》で釈奠の儀式が挙行されたあと、三月三日、同じく格物堂で「養老御礼式」が盛大に執り行われた。藩主津軽寧親《つがるやすちか》▲みずから、招請した高齢者に膳を饗し、長寿を祝う儀礼を先導した。無役隠居の身で六〇歳以上の家臣が招請され、このうち年齢・徳行ともに高い者一人を「三老《さんろう》」と称し、これにつぐ者は「五更《ごこう》」と呼ばれ、長袴以上、月並以上の家格で該当する者を、それぞれ「国老《こくろう》」と「庶老《しょろう》」と称している。一七九七年には、式典にあわせて領民の九〇歳以上の男性に終身二人扶持、九〇歳以上の女性と八〇歳以上の男性には銭一貫文を長寿の祝いとして給付している（『新編　弘前市史』通史編3近世2）。また、これとあわせて格別に孝行の者の調査も支配頭に指示された(「弘前藩国日記」寛政九年三月五日条)。

なお、この日陸奥《むつ》国西津軽郡深浦《ふかうら》(現、青森県西津軽郡深浦町)にいた菅江真澄は、弘前の稽古館で桃の節句にあわせて尚歯会《しょうしかい》が開かれることを人づてに聞いたと、「つがろのおち」に記している(『菅江真澄全集　第三巻』)。真澄が養老の礼式を尚歯会と記していたのは、古来この名をもって呼ばれてきた招宴の伝統を知っていたからである。尚歯会は算賀と同様に、中国に由来する年寿の催しで、平安時代に公家社会に根付いて以来、長寿を迎えた人びとが集い、詩歌をよみ、披露しあう遊宴の形が江戸時代に受け継がれていた。伊勢《いせ》貞丈《さだたけ》『貞丈雑記《ていじょうざっき》』▲(巻之一、「祝儀の部」)には、尚歯会の尚歯とは「よわい《(年齢)》を貴ぶ」との説明がある。七《しち》叟《そう》といって、六、七十歳以上の老人七人で構成され、そのほかの列席者は「垣《えん》下《が》の座」について相伴するのをしきたりとしている。

敬老や養老の意識は子が親や祖父母を思う自然な気持ちの発露であろう。だが幕府や藩は、子には「親には孝」を規範化し、孝養の儒教精神を家族・親族の長幼の秩序から立ち上げ、領内秩序の維持に機能させようと企図した。「養老式」や「年長祝い」が、藩士から庶民にいたるまで、身分を問わず対象とされ、

▼**『貞丈雑記』**　著者の伊勢貞丈(一七一七〜八四年)は幕臣。祖父伊勢貞衡《さだひら》が三代将軍徳川家光のときに召しだされ、早世した兄伊勢貞陳《さだのぶ》の跡を継ぎ、一〇歳で家督。小姓組入《こしょうぐみいり》。『貞丈雑記』は伊勢流故実《こじつ》の継承のために、一七六三(宝暦十三)年から没年まで筆録され、弟子が校訂して一八四三(天保《てんぽう》十四)年に刊行された。

藩主の眼前での共同飲食が催されたのは、老人を敬い、父母に孝をつくす敬老精神を、藩主みずからが模範として示すことで、領内にその精神を鼓吹しようとしたものであった。藩校での養老式の執行は、藩校を藩士の学問の機関とするだけでなく、領民の教化にかかわる社会的機能を担わせるものともなった。秋田藩明徳館で渡された教諭書の内容は、老人をいたわり、苦労をかけないように、家族子孫が和合すべきこと、老人もまた、慈愛の気持ちをもち、家族の和合を保つように諭している（『秋田沿革史大成　下巻』）。改革政治の実行には、領民の礼秩序が必要とされた。養老精神を涵養することで政治の安定がめざされたのである。

老養扶持の支給

長寿者に対しては老養扶持（養老扶持ともいう）の支給も施策化された。もっとも早い例は会津《あいづ》藩で、一六六三（寛文《かんぶん》三）年七月二十五日、藩主保科正之《ほしなまさゆき》▲による「御政事御執行之御趣意」の一項として、この年九〇歳以上の領民に身分を問わず「老養之御扶持壱人分宛」を定めている。事前の調査で該当者は家臣の母と

▼**保科正之**　一六一一～七三年。父は二代将軍徳川秀忠。三代将軍家光の異母弟。一六一七（元和《げんな》三）年、信濃《しなの》国高遠《たかとお》藩主保科正光《まさみつ》の養子となり、その遺領を継ぎ高遠三万石を相続。出羽山形藩二〇万石をへて、一六四三（寛永二十）年会津藩二三万石を領する。家臣団編成、行政機構の整備に取り組み、農村支配においても「社倉《しゃそう》」の設置や専売制をはじめとする税制の整備などを行う。一六六八（寛文八）年、藩主としての心得を「会津家《か》訓《くん》十五カ条」として残す。

祖父四人、町方《まちかた》に男性四人・女性七人、郷村に一四〇人とわかり、この年八月十一日から実施にいたっている（『会津藩家世実記』▲第二巻）。一人扶持は玄米で一日五合であるので、一年間（三六〇日）で一石《こく》八斗《と》の支給となり、受給対象者一五五人とすると、年間の支給高は合計約二八〇石となる。以来、老養扶持の支給は江戸時代をとおして継続され、会津藩預所《あずかりどころ》の南山《なんざん》でも実施されていた。一八四七（弘化《こうか》四）年の「南山御直所引渡書《おんじきしょひきわたししょ》」によると、当地の幕領《ばくりょう》化のあとも継続すべき施策であることが、申送りされている（『福島県史　近世資料四』）。

　年間の食い扶持を保障する老養扶持の一斉支給は、会津藩に続いて金沢《かなざわ》藩・小田原《おだわら》藩で実施され、江戸時代中・後期以降には、米沢藩・守山《もりやま》藩・新発田《しばた》藩など、制度化した藩が少なくない。ただし、老養扶持の対象者は諸藩では九〇歳以上の極老の者に限られている。

　幕府は一八六二（文久《ぶんきゅう》二）年八月の幕政改革のなかで、八〇歳以上の者に一人鳥目《ちょうもく》三貫文《かんもん》を支給する養老の方策を示達している（『徳川禁令考《きんれいこう》』前集第五、三一四四号）。改革による「深キ御仁意《ごじんい》」が二、三年のうちに広く行き渡ることはむずかしく、ついては極老の者が仁恵《じんけい》にあずかれないうちに亡くなるのはなげ

▼『会津藩家世実記』　保科正之から松平容住《かたずみ》にいたる会津藩歴代の正史。一六三一～一八〇六（寛永八～文化三）年まで一七八年間を編年体で記録。一八一一（文化八）年、編集方役場を設け、五年間を費やして編纂された。

かわしいことであり、さらに「養老之儀は風俗を厚く為致候《いたさせ》第一之儀」であるとして実施されたものであった。江戸府内ではこれにさきだって、前年十月、八〇歳以上の長寿者、および孝心奇特者《きとくしゃ》を書き上げるように町年寄《まちどしより》へ下達し、新《しん》革屋町《かわや》(現、東京都千代田区《ちよだ》)名主《なぬし》の定次郎《ていじろう》ほか、二三〇人の名主たちが、人数を取り調べて上申《じょうしん》し、その結果、七九二人が対象者として数え上げられている。

幕府の趣旨に示されているように、領内一斉の老養扶持の支給は、風俗統制を第一義としたものであった。極老の者を対象に年間の食い扶持を支給することで、敬老精神を啓蒙し、高齢者を家や地域のなかで大切に扶養し、不孝不順のないように子孫を感化することに施策の狙いがあった。一方、極老者の生存を領主として保障するという意味では、老養扶持の支給は福祉政策としての側面をもつものであろう。高齢者の扶養がこの時期、家や村町の地域を越えて社会全体の深刻な問題となっていたことの表れでもあった。

④——老いを看取る

「養老」の教えと孝規範

　病や老衰により自力での生活が困難になると、看病・介護が必要となる。入院施設を備えた病院や老人ホームというべきものがほとんどなかった江戸時代において、看取りの場は基本的に家であり、家族が看取りの中心的な担い手であった。なかでも家長《かちょう》は、妻や子をはじめ家内の者を教え導いて、親や祖父母の老いを看取る責任をおっていた。したがって、家長およびその候補となる男子に対して、養老の教えと看取りの具体的な方法が授けられることになった。その内容にどのような特徴があったのか、代表的な教本を取り上げ、検討してみよう。

　養生書の代表として知られる貝原益軒《かいばらえきけん》の『養生訓《ようじょうくん》』▲は、一七一二(正徳《しょうとく》二)年、益軒自身の人生最晩年の八二歳のとき、広い学識とみずからの体験に基づいて書き上げられ、翌一三(同三)年に出版されている。江戸時代随一のロングセラーともなった。最終巻の巻八に「養老」の項目をおき、老人自身がもつべき心構

▼『養生訓』　著者の貝原益軒(一六三〇〜一七一四年)は筑前《ちくぜん》国福岡藩の儒官《じゅかん》。『黒田家譜』一二巻、『筑前国続風土記《ぞくふどき》』三〇巻などの編纂に従事し、七一歳で致仕《ちし》。『大和本草《やまとほんぞう》』『和俗童子訓《わぞくどうしくん》』などの著作がある。『養生訓』は講談社学術文庫版などに所収。

えとともに、介護する者が知っておくべき心得を説いている。その冒頭部分で、「およそ人の子となりては、その親をやしな《（養）》ふ事をしら《（知）》ずんばあらじ」と述べるように、子として親を養う責任から、養老を学ぶことの必要を強調する。ただし、益軒自身に実子はいなかった。養親と実親の別なく、子としての責任に訴えて介護の方法に説きおよぶものである。

老人の心身の特徴をつぶさに説明したうえで、あるべき介護の方法を、老親の心の安定、住まいの環境への配慮、食事のととのえ方、という三つの観点から、具体的に述べている。なかでも重視するのは、精神面での介護である。人は老齢になれば欲がふえ、怒りや恨みも増幅するものであると、老人の心理を説明し、子はこれをわきまえ、父母の怒りを生まないように、心を慰め、楽しませることが大切であるとし、その方法を詳述する。これは、身体の健康は身体を主宰する心の健康をはかることでえられるとする、養生に関する伝統的な考えに基づいており（新村一九九一）、親の心の平安を保つために子は親に従順な姿勢で向きあうべきことが、その後の著作に受け継がれていく。

一七二二（享保《きょうほう》七）年、儒者《じゅしゃ》の室鳩巣《むろきゅうそう》が将軍徳川吉宗《とくがわよしむね》の命により『六諭衍義《りくゆえんぎ》』

の大意《たいい》を著述した『六諭衍義大意』▲では、第一の「孝順父母」のなかで老親の介護に言及し、父母が老いたあとには「大かた《(方)》側《そば》をはなれ《(離)》ず、出入りには、手をひ《(引)》き、うしろ《(後)》をかか《(抱)》へ、寝起には、夜はしづ《(鎮)》め、朝は省《かえりみる》べし」と述べ、さらに父母の病気に際しては、「昼夜帯をとか《(解)》ず、多事をすて《(捨)》て看病し、医薬の事のみ心を尽す」ように説いている。老いた親の側を離れずに付き従い、介助の手を差し伸べること、とくに病気のときにはほかの仕事を差しおいて、昼夜寝ずの看病をし、医薬の手をつくすことを、看取りの基本として教えるものであるが、その根本にあるのは孝の精神である。本書は府内《ふない》の手習い師匠に頒布され、五人組帳の前書に取り入れられるなど、民衆教化に広く用いられていた。

孝行としての看取りは、つねに親の側にいることとともに、親の身体に直接ふれることが大事な行為とされていた。なかでも排泄の介助は重視された行為であった。医者で俳諧《はいかい》人でもあった常盤潭北《ときわたんぼく》が一七二六(享保十一)年、農民を対象に儒教《じゅきょう》倫理に説きおよんだ『百姓分量記《ひゃくしょうぶんりょうき》』▲には、「孝行の大旨」の段で、親の子育ての苦労をあげ、その恩にむくいるための孝行をうながし、看病のあり方に言及する。とくに心がけるべきこととして、「看病は申に及ず、糞尿迄

▼**『六諭衍義大意』**　著者の室鳩巣(一六五八〜一七三四年)は一七一一(正徳元)年、新井白石《あらいはくせき》の推挙で幕府儒官となり、のちに八代将軍吉宗の侍講《じこう》。『駿台雑話』『赤穂《あこう》義人録《ぎじんろく》』『兼山麗沢秘策《けんざんれいたくひさく》』などを残す。『六諭衍義』は明《みん》の太祖洪武帝《こうぶてい》が一三九七年、民衆教化の目的で発布した教訓「六論」を清《しん》代初頭に范鋐《はんこう》が解説書として著わし、琉球《りゅうきゅう》から島津《しまづ》家へ伝わり、吉宗に献上された。室鳩巣『六諭衍義大意』は『日本思想大系・近世町人思想』(岩波書店、一九九六年)などに所収。

▼**『百姓分量記』**　著者の常盤潭北(一六七七〜一七四四年)は俳人、榎本其角《えのもときかく》の門人。医業に従事していたが、庶民教育を重視して関東一円を講話してまわり、『民家分量記』などを出版。『百姓分量記』は『日本思想大系・近世町人思想』(岩波書店、一九九六年)などに所収。

も人手にかく（掛）べからず」と述べ、介護でもっとも厭いがちな両便の世話を他人に委ねずに子ども自身で行うように諭している。ただし、親が排泄の世話を気づかいに思うようなことがあれば、親の気にいった使用人に任せるべきだ、とある。子どもが実際、親の排泄介助に携わっていた姿は、孝行褒賞の記録に数多くとどめられている。

武家における介護教育

武士の子弟教育においても、親の老いの看取りは「人の道」として教えるべき大事な内容とされていた。一七八〇（安永《あんえい》九）年、手島宗義《てじまむねよし》が著わした『子弟訓《していくん》』▲は、老父から教えられ、みずからも子弟に諭したという「人の道」の実践の仕方を具体的に述べるもので、一一カ条にわたり父母への孝行を説くなかで、四条目、五条目に看病介護に関する事項をおいている。

四条目では、父母が年老いたときの心構えとして、起臥《きが》を介助する、心の安寧につとめる、外出の際は用件を伝え、帰宅後はすぐに顔をみせる、無用に遠《おん》国《ごく》へでかけたり、近隣でも数日の滞在はせず、近所であっても行き先を告げる

▼『子弟訓』　著者の手島宗義は石門心学《せきもんしんがく》の学者。ほかに『塵斗《ちりとり》』（一七二四年）、『商人夜話』（一七二七年）などの著作がある。

ように、とある。ことさらに外出について細かく注意をうながしているのは、子どもがいっときでも傍を離れることを不安に思う老人心理の洞察に基いているが、前述したように、側にいて付き従うことが孝行としての看取りの基本とされたからである。

五条目では、父母の病気に際して、子ども自身で看護を行い、薬はみずから煎じ、医者も親の生死をあずけるのだから吟味が大事である、と述べる。長じてのちに当主となる男子に対する教育として、親の看病・看護での主体性を強調するのは、庶民にも武家《ぶけ》にも共通している。

一方、一七八六(天明《てんめい》六)年に林子平《はやししへい》が著わした『父兄訓《ふけいくん》』▲では、一条目で、老親の食事について細かく言及している。わが子の食事に、やわらかく炊いたり、野菜の皮を除いたり、生ものを避けるという神経を使いながら、老いた親の食事には、歯がぬけたり弱って嚙む力を欠いていることへの配慮がなく、壮健の者と同じ調理をしていることを戒め、老いを養う方法が親から子へと教えられていないことの問題性を指摘する。さらに、親を十分に養ってはいるが口腹を養う暇などないと述べるのは、逃げ口上で不孝の罪を隠す大罪人である、と断

▼『父兄訓』　著者の林子平(一七三八〜九三年)は幕臣岡村良通《よしみち》の次男。父が除籍され叔父の町医者林従吾《じゅうご》に養われる。姉なおが仙台藩主伊達宗村の側室となり、兄嘉膳が仙台藩に仕えたため、子平も一七五七(宝暦七)年仙台に移住したが、子平は終生無禄であった。長崎に遊学して海外事情に関心をもち、『三国通覧図説《さんごくつうらんずせつ》』『開国《かいこく》兵談《へいだん》』などを著わすが、幕府の忌《き》諱《い》にふれて蟄居《ちっきょ》。

●―図13　林子平肖像

言する。要は、老いた親を養うためには、調理の方法をわきまえておくことが必要であり、これを親から子弟に教えるように説くものである。

老親の介護において食事への配慮を重視する考えは、前述の貝原益軒『養生訓』にも示されており、胃腸の衰弱にあわせて調理を工夫し、良質な素材を揃え、病気を食事で治す心得をもつようにと述べている。『父兄訓』でことさらに調理の仕方に注意を向け、食事への気配りがない者を不孝と断言するのは、調理の方法次第で食事の摂取量がふえ、健康維持につながることが経験として知られており、介護の知識として長く教え継がれてきたからでもあろう。

これまで述べてきたように、「養老」の教えの実践は老親に対する直接的な孝行として推奨されていた。介護・看病を伴う孝行の実践は後述するように十八世紀以降、領民の道徳教化を図る領主の善行《ぜんこう》褒賞施策のなかでも重要な位置を占めていく。一方、この時代の養生・養老に対する関心の広がりは、倉地克直氏が指摘するように、老人の「いのち」や生活に対する人びとの認識の深まりを示唆するものであろう（倉地二〇〇八）。「家」の存続という命題のなかで、それまで経営体としての「家」の成り立ちや、名跡《みょうせき》の継承に対して向けられてきた人びとの関心が、子ども・女性・老人を含めて「家」メンバー一人ひとりの「いのち」のありようにまなざしが向けられていく時代となったのである。

看取りと向きあう武士

　武士は看取りの役割と責任とを実際、どのように果たしていたのだろうか。八戸《はちのへ》藩の上級家臣遠山《とおやま》家▲七代目庄《しょう》右《え》衛門《もん》は、養祖母が癪《しゃく》を発症した一八一一（文化《ぶんか》八）年二月、長くその症状が続くなかで朝からたえかねる痛みがみられた日の日記に、「無拠《よんどころなく》御奉公相引《ごほうこうあいひく》」と記している。自身の公務よりも祖母の病気をみまもる責任を優先させて、欠勤を決めたのである（『八戸藩遠山家日記　第二巻』）。庄右衛門の没後に遠山家八代目を継いだ息子の庄太夫《しょうだゆう》も、一八三一（天保《てんぽう》二）年八月、祖母が夏風邪で吐瀉《としゃ》をし寝込んだ際、約束していた引網漁《ひきあみりょう》を断わり、泊番《とまりばん》の勤務についても代役を頼んで三日間、欠勤している（『八戸藩遠山家日記（上）』）。この祖母は、養子であった亡き父が実家の中里家《なかざとけ》から引き取って同居させていたが、七三歳から他界する七九歳までの六年間、一カ月近く病床に就く長患いを何度か繰り返していた。庄太夫は、付ききりで看病する役

▼**八戸藩士遠山家**　知行高一〇〇石、金成《きんなり》二五石。七代目庄右衛門が相続翌年の一七九二（寛政四）年から日記を執筆、以後子どもの庄太夫の手をへて、一九一九（大正八）年まで歴代当主に書き継がれる。「遠山家日記」として八戸市立図書館蔵。

目はおもに下女にあたらせたうえで、自身は医者の治療や薬効をみきわめるなど、医療の判断を行い、状況次第では勤務を休んで家に引き籠ることもあった。家にあって容体をみまもり、変化をみのがさずに対応することを、当主としての責務として自覚した行動であった。

武士は身内の看取りとかかわって、領主にさまざまな上申《じょうしん》を行っている。常《ひた》陸国《ちのくに》下妻《しもつま》藩▲では、一七〇六（宝永《ほうえい》三）年から一八二二（文政《ぶんせい》五）年まで一一六年間に、藩士から身内の病気にかかわる申請が一三四件提出されている。このうち一〇三件は、親の看病にかかわるものである。中山清蔵《なかやませいぞう》は在所で暮す母親の世話をする親族がおらず、養育者をさがすために、一二日間の休暇を申請している。高階平蔵《たかしなへいぞう》は自身が病気のうえに、母親も病身となり、母親の夜の看病に差しつかえたため、従弟《じゅうてい》を止宿させることを願い出て、認められた。藩主の上洛《じょうらく》の供を命じられた篠原権左衛門《しのはらごんざえもん》は、留守の期間中、病身の老母の介護のために甥を呼びよせることを願い出て、受理された。仁平藤右衛門《にへいとうえもん》は老母の病状が悪化し、みずから老母に付き添うために、上洛の随伴を断わりたいと願い出た。藩はこれを認め、子による親の看取りを勤務に優先させている（柳谷二〇一〇）。

▼下妻藩　徳川家康十一男頼房《よりふさ》の領地一〇万石に始まり、松平《まつだいら》氏、土井《どい》氏の領有をへて、一七一二（正徳二）年、井上正長《いのうえまさなが》が一万二〇〇〇石余で入封《にゅうほう》、常陸国真壁《まかべ》郡下妻（現、茨城県下妻市）に陣屋《じんや》をおき、幕末まで一四代にわたり井上氏の領有が続いた。

雇用まもない藩士の休暇申請は却下されていたが、下妻藩ではこのように、親の看取りに関する多様な申請が認められていた。家族の看取り、なかでも親の看取りに責任を果たそうとする家臣《かしん》に対して、幕府も藩も、上申に応じる姿勢を示している。

「看病断」の制度

武士が身内の病気や臨終に付き添うことができたのは、勤務を退いて看取ることを認める「看病断《ことわり》」の制度が設けられていたからである。武士の勤務には公的な休日はなく、番方《ばんかた》の場合は夜中の勤務もあり、また政務や勤番で長く家を離れなければならない者もいた。だが身内に老衰者や病人がでた場合は、「看病断」の制度に基づいて、看病・介護に専念する休暇をとることができた(柳谷二〇〇七)。

「看病断」は幕府で用いた名称であり、諸藩ではこの制度は「看病引《びき》」「看病願」「付添《つきそい》御断」「看病不参《ふさん》」などの名で呼ばれ、休暇についても「看病暇《いとま》」「介抱暇」など複数の呼び方がある。現在まで、幕府《ばくふ》のほか弘前《ひろさき》・八戸・盛岡《もりおか》・秋田・仙《せん》台《だい》・米沢《よねざわ》・勝山《かつやま》・新発田《しばた》・小田原《おだわら》・松代《まつしろ》・高崎《たかさき》・挙母《ころも》・沼津《ぬまづ》・徳島・久留米《くるめ》の諸藩で制度化されていたことを確認している。明確な規定がだされた早い例としては、阿波《あわ》勝山藩で一六九九(元禄《げんろく》十二)年「酒井隼人家訓《さかいはやとかくん》」(『武家家訓・遺訓集成』)に確認できる。

幕府は一七四二(寛保《かんぽう》二)年に従来の規定を整備し、父母と妻と子の病気のときには、「断」すなわち届け出次第で即刻退勤することを認め、兄弟姉妹・叔父叔母その他近親の者が病気の際は、申請の提出後、病状や、ほかに看病人が不在であるなどの条件を検討したうえで、退勤を認めるものとした。

看病・介護のための退勤が認められる身内の範囲や、病状などの条件は、藩により若干の違いがあるが、父母の病気については、いずれも届け出るだけで休暇をあたえるものとしている。ただし、幕府も諸藩の多くも当初は、無条件で看病の休暇を認める対象は、同居の親に限定していた。弘前藩では一七四〇(元文《げんぶん》五)年、両親と妻と嫡子に対する「病気付添」を届け出次第とし、その他の親類については「願」の提出を定めていたが、親は養親と実親とも認める措置をとっていたようで、一七四七(延享《えんきょう》四)年にあらためてこの方針を確認し、示達している(『御用格《ごようかく》〈寛政本《かんせい》〉』上巻)。
米沢藩は、一七八〇(安永九)年上杉治憲《うえすぎはるのり》の改革政治のなかで、「看病不参」の制度を設けていたが、当初から、「他家相続之者といへとも実父母之看病とならハ届一通りにて引《ひく》へし」という文言をいれ、看病による退勤の手続きに実父母・養父母の区別を設けないことを明言している(「御代々御式目(三)」▲『米沢市史編集資料』第一三号)。子どもが揃って看病することで病気の父母が安心することを理由に掲げており、「父母に養実の差別なし」という審議の結果をへて定められた条項であった(市立米沢図書館「看病不参命令」▲)。藩主の治憲自身が実父である高鍋藩主秋月種美の大病に際して看取りに専心したことは、よく知られている。

祖父母や兄弟など親族の病気については、ほかに看病人がいなければ伺《うかがい》や願を上申させ、審議のうえで判断をくだした藩が多い。仙台藩では、家内の祖父母、兄弟、妻、子、継父母の病気に際して、一五〇石以下で看病人が不在の場合に限り、休暇を認めるものとしている(「仙台藩評定所《ひょうじょうしょ》文例等手控」『東北大学法学部法政資料調査室研究資料』二五)。家禄《かろく》の条件が設けられたのは、家内の奉《ほう》

▼「**御代々御式目**」　一五八一(天正《てんしょう》九)年から一八四七(弘化《こうか》四)年までの歴代米沢藩主の法令を編纂した法令集。

▼「**看病不参命令**」　市立米沢図書館蔵。「看病不参」の制度を設けるまでの審議の経緯を記す。

公人《こうにん》などの人数を考慮したものと考えられる。近世後期にかけて、申請を認める親族の範囲は、現実の申請状況に対応して拡大される傾向にあった。

なお、秋田藩では、一七七四(安永三)年二月、祖母の大病に際して看病暇の可否と服忌《ぶっき》を問い合わせた藩士に対して、服忌は定式のとおりとし、看病暇の願は認めないものとした(『石井《いしい》忠運《ちゅううん》日記(四)』)。藩の規定では家内の祖母の看病休暇を認めていたが、この事例は祖母の立場が正妻でなく、妾であったために、看病を行う対象外とされたのである。家の論理としての女性差別がここにも歴然としている。

「看病断」による看取り

武士が実際に「看病断」の手続きをとり、病気の身内に付き添ったり、交代で夜詰めの看病を行っていたようすは、個人の日記や藩の申請文書から確認できる。秋田藩士黒澤道興《くろさわみちおき》▲は、実母と二人の実兄の病気に際して、看病休暇を取得している。実家の岡本《おかもと》家の母(岡本元亮妻)が一八二八(文政十一)年一月十五日、不快であるとの知らせを受けた際は、見舞いにいき、快方に向かったのでいっ

▼**黒澤道興**　秋田藩士黒澤家は知行高五〇〇石。三代目以降、家《か》老《ろう》職、町奉行《まちぶぎょう》、大番頭《おおばんがしら》など就任。十代目道興による「黒澤家日記」は二一歳の一八一四(文化十一)年から六九(明治二)年まで五六冊の日記群。秋田市立佐竹《さたけ》史料館蔵。道興は家老をつとめる岡本元亮の五男に生まれ、一八一二(文化九)年、一九歳で黒澤道富《みちとみ》の娘喜代《きよ》と婿養子縁組。一八二二(文政五)年、二九歳で跡目相続。

たん帰宅していたが、翌十六日に再度重篤《じゅうとく》の知らせを受け、十七日に看病断を申請して、午前一〇時前から実家に引き移った。五年前に中風《ちゅうふう》をわずらっていた実母はこの年重篤となり、道興は一月十八・二十一・二十二・二十四日の四日間、夜詰めで看病している。一月二十四日に医者から家族に大病であることが告げられ、母は翌二十五日、看病の甲斐なく他界した。道興が実母の看病のために取得した休暇の日数は九日間であった（『黒澤家日記解読資料集　黒澤家日記』）。

看病休暇の上限は藩によって差異がある。米沢藩では一〇日から一四～一五日が目安とされ、長引く場合は一度出勤したあと再度の休暇をとるものとしている（前掲「看病不参命令」）。秋田藩では三〇日を限度に看病暇を認め、江戸や京都への往来がある場合や病状次第でさらに延長も認めている（「看病御暇式」▲）。

道興は実兄の岡本英応の病気に際しては、一八三〇（天保元）年三月二十八日に知らせを受けて見舞いにいき、翌二十九日に看病暇の拝領を申請し、病死する閏《うるう》三月二十一日まで、二三日間の休暇をとった。この間、実家に詰めて病人に付き添っており、いったん自宅に戻った日もあるが、重体となった閏三月十

▼**「看病御暇式」**　秋田県立公文書館蔵「御暇式」のなかの一項。藩士の看病休暇についての規定。「御暇式」には、ほかに社参・入湯・親類用事などを事由とする休暇について規定がある。

▼渋江和光　一七九一〜一八四三年。御相手番の役職にあった一八一四（文化十一）年から三九（天保十）年まで、二六年間におよぶ公私にわたる日常記録を書き残す。日記は秋田県立公文書館蔵。『渋江和光日記』全一二巻として刊行。

二日から再度実家に移り、臨終の看病にあたっている。もう一人の実兄岡本直《なお》江《え》の看病では、一八三三（天保四）年七月九日に大病の知らせを受けて、翌十日に看病暇を申請したが、五日後の七月十四日には快方の兆しがみえたことで、いったん暇を返上した。だが十八日に重篤を聞き、再度の看病暇を取得して、亡くなる二十七日まで一〇日間、兄宅へかよっている。

同じく秋田藩の上級藩士であった渋江和光《しぶえまさみつ》▲も一八一四（文化十一）年、実父渋江光成《みつなり》の中風再発に際して、およそ一カ月半の看病休暇を取得して、連日看病にかよっている。この年十月六日、実家の継母から知らせをうけた和光は、夜詰めで父を看病し、翌日午前いったん自宅に戻って仮眠ののち、午後二時すぎから夜一〇時まで再度、看病に就いた。翌十月八日看病断の手続きをとり、十一月二十七日に実父が快方に向かったことで暇を返上している。この間、連日夕方五時ごろに実家にいき、夜通し父に付き添い、翌日昼に自宅に戻って仮眠するという看病生活が続き、日中に自宅に訪れた見舞客を看病疲れで伏していることを理由に面会を断わった日もある（『渋江和光日記』第一巻）。

黒澤道興と渋江和光の事例からは、城下町《じょうかまち》の狭い武家町空間のなかで、親族同士が看病を支えあっていたようすをうかがうことができる。病人や老衰者がいれば、頻繁に見舞いが行われる。そのうえで、大病の知らせを受ければ、看病断を申請し、泊り込みの看病を引き受けたのである。

　親族は看取りを共同で担う扶助関係にあり、交代で看病断を申請することで、長期にわたる看取りにも対応していた。盛岡藩では、川口弥兵衛《かわぐちやへえ》が母親の老衰と大病に際して、一七七七（安永六）年九月から七九（同八）年二月まで、足かけ三年にわたり、自身と嫡子川口十蔵《じゅうぞう》、および弟の川口甚右衛門《じんえもん》と三人で、あわせて四度の介抱暇を申請している。一人では介抱が行き届かないことを事由としており、いずれも認められている。また一七九四（寛政六）年三月、立花万《たちばなまん》右衛門《えもん》が代官所《だいかんしょ》勤番中に癪病をわずらった際、代役が到着するまでの期間を介抱するため、嫡子の金左衛門《きんざえもん》が休暇を取得したが、その後、家に連れ帰った金左衛門は一人で介抱できかねる事態となり、万右衛門の外孫の長峰茂吉《ながみねもきち》が、半年後に往来二〇日の暇を取得している（柳谷二〇〇七）。

　看病断は兄の病気を母の病気と偽って申請する例があったり、当主が跡継ぎを決めないうちに急死する相続の危機に際して、相続者が決定するまでの日数

●——図14　米沢藩『孝子伝』　孝行・忠義などの善行により表彰された人びとの顕彰記録。

稼ぎに使われるような流用もみられる。だが、武士に対して身内を看取る態勢を保証するシステムとして機能していたことは確かであり、実際に武士はこの制度を使うことで、家族や親族の老病の床に付き添っていたのである。

高齢者褒賞と善行褒賞

庶民家族の看取りの様相は、幕府や藩による高齢者褒賞や、善行褒賞の記録に垣間みることができる。十八世紀にはいり全国的に高齢者を褒賞する例が増加し、養老の儀式をともないながら領内いっせいの褒賞が行われた藩もあったことは、前述した。一方、孝行や忠孝を実践した家族を称揚する善行褒賞も、この時期、増加の一途をたどっている。領民の長命化と高齢化に対応した領主の方策として、善行褒賞は高齢者褒賞と両輪で推し進められたのである。

米沢藩では、孝行・忠義などによる善行者の顕彰は、一七二八(享保十三)年にさかのぼる。養老の儀式が開始された安永年間(一七七二〜八一)以降は毎年の褒賞が定着し、寛政年間(一七八九〜一八〇一)以降は武士に加えて庶民もその対象となり、毎年一〇件以上の褒賞が行われるようになった。仙台藩の善行褒賞は一六七七（延宝五《えんぽう》）年にさかのぼるが、十八世紀前半の享保年間（一七一六〜三六）から増加していき、寛政年間以降は年平均六件以上にのぼっている。その七割以上が、家族の関係を中心に扶養行為を善行として褒賞されたものである。これらの褒賞の小伝は一八五〇（嘉永《かえい》三）年、藩主伊達慶邦《よしくに》の命を受けて藩校養賢堂《ようけんどう》の学頭大槻格次《おおつきかくじ》により『仙台孝義録《こうぎろく》▲』として編纂・献上された。「年長祝」が執行された一八四九（嘉永二）年の翌年の事業であり、両者は一連の政策として位置づけられる。

江戸では十八世紀末から、高齢者褒賞とその家族に対する善行褒賞が、一体化した施策として進行していた。表8（次ページ）は『江戸町触集成《まちぶれしゅうせい》▲』から高齢者に対する褒賞を抽出したもので、一七九七（寛政九）年から一八五七（安政四）年まで二一件を拾いだせる。12は夫婦での褒賞であるが、褒賞の人数を年代で整理すると、六〇代一人、七〇代五人、八〇代七人、九〇代一人、一〇〇歳以上四人、老年とあるだけで年齢不明の者が四人おり、性別では男性九人、女性一三人である。これら二一件の高齢者褒賞は、高齢者当人が褒賞の主体であるだけでなく、家族も褒賞の主体とされ、その孝心や忠孝を事由として当人も褒賞

▼『仙台孝義録』　一六七七（延宝五）年から一八四八（嘉永元）年まで一七一年間にわたる表彰事例五六四件の小伝を漢文体で叙述。鈴木省三編『仙台叢書』第二巻所収。

▼『江戸町触集成』　近世史研究会編。全二〇巻。塙書房刊行。

●—表8 『江戸町触集成』に収録された高齢者の褒賞

	年次	褒賞された高齢者(年齢)	褒賞とその事由	家族などの褒賞
1	1797	麻布田島町六左衛門店 独身 長右衛門(昨103歳)	長寿につき1日米5合宛生涯	相店取上婆よし，家主六左衛門も御誉
2	1798	本所松井町2丁目 長左衛門店 三之丞(当104歳)	長寿につき米10俵	忰庄兵衛55歳・同妻そよ37歳に孝心の褒美として鳥目10貫文 庄兵衛に地主八幡別当放生寺が老父1代のあいだ地代免除
3	1808	橋本町2丁目 太兵衛店 岩次郎祖母いく(不明)	孫の孝心により老衰扶持として1日米5合宛生涯	孫岩次郎へ幼年で祖母へ孝心につき褒美として銀7枚
4	1810	本材木町7丁目 儀右衛門店 画師雷周事彦次郎祖母きん(78歳)	孫の孝養により老養扶持として1日米5合宛生涯	孫彦次郎へ祖母孝養篤実につき銀3枚
5	1811	浅草花川戸町 伝兵衛店 喜兵衛母光善(84歳)	嫁の孝心により老養扶持として1日白米5合宛生涯	嫁ちをへ孝心につき銀5枚
6	1813	牛込御納戸町 長右衛門店 弥三郎母とり(88歳)	老養扶持として1日米5合宛生涯	弥三郎へ孝心につき銀3枚
7	1822	北島町市右衛門店 道心者篤承(当100歳)	まれなる長寿につき手当てとして米10俵	なし
8	1826	浅草阿部川町 文次店 寅右衛門母ふく(88歳)	忰の孝心により老養扶持として1日米5合宛生涯	寅右衛門へ銀5枚，弟藤吉へ銀3枚
9	1838	本所相生町5丁目 忠兵衛店 久七(77歳)	娘きさ孝心により老養扶持として1日米5合宛生涯	娘きさ40歳へ孝養の褒美として白銀5枚
10	1841	牛込若宮町 銀蔵地借 桶職定五郎父与八(76歳)	忰の孝心により老養扶持として1日米5合宛生涯	定五郎へ父孝養の褒美として白銀5枚
11	1842	箱崎町1丁目 庄兵衛地借 貸本渡世平六養母つね事尼妙照(不明)	嫁・養娘の孝養につき老衰扶持として1日米5合宛生涯	嫁・養娘かつへ養父母孝養により銀5枚
12	同	北横町 佐兵衛店 大工鐘五郎父三栄・母うた(78歳・69歳)	忰の孝心により三栄へ老衰扶持として1日5合宛生涯	忰鐘五郎へ褒美として銀3枚
13	同	亀島町 平次郎地借 つね母てう(老年〈80歳以上か〉)	娘の孝心により扶持1日5合宛生涯	娘つねへ褒美として白銀5枚
14	同	東海道川崎宿砂子町 喜兵衛借家 按摩渡世つね母いち(78歳以上)	娘つねの孝心により老養扶持として1日米5合宛生涯	娘つねへ褒美として銀5枚
15	1845	神田鍛冶町2丁目 彦左衛門店 巳之助母いよ(88歳)	忰の孝心により老養扶持として1日米5合宛生涯	忰巳之助へ褒美として白銀3枚
16	1846	本材木町3丁目 源蔵地借 金左衛門方同居栄助養母たよ(老年)	養子栄助の忠孝により老養扶持として1日米5合宛生涯	養子栄助へ忠孝の褒美として銀5枚
17	1847	本郷菊坂台町 良助店 久次郎・同妻きん方同居善悦(102歳)	まれなる長寿につき手当として米10俵	身寄りがなく家を焼失した善悦を引き取り世話。奇特で銀5枚
18	同	麴町平河町1丁目 代地 家持平六養母てつ(不明)	忰の孝心により老養扶持として1日米5合宛生涯	忰へ養母孝心と町内施行救済など奇特で銀5枚
19	1857	小石川大原町 勘兵衛店 次郎兵衛母ひさ(82歳)	忰の孝心につき老養扶持として1日米5合宛生涯	忰次郎兵衛へ孝心の褒美として銀3枚
20	同	赤坂裏伝馬町2丁目 太郎吉店 正次郎(83歳)	養女の孝心につき老養扶持として1日米5合宛生涯	養娘ひてへ孝心の褒美として銀3枚
21	同	音羽町2丁目 熊吉店 岩次郎父九兵衛(93歳)	まれなる長寿，ことに健儀に暮し，鳥目10貫文	忰岩次郎へ孝心奇特で褒美として鳥目10貫文

『江戸町触集成』より作成。

されたものがあり、全体的には後者が大半を占めていることに注目したい。

高齢者当人が褒賞の主体であるのは、1の長右衛門《ちょうえもん》、2の三之丞《さんのじょう》、7の篤承、17の善悦、21の九兵衛《きゅうべえ》の五件で、いずれも九〇歳以上であることが、「稀《まれ》なる長寿」として褒賞され、生涯扶持《ぶち》や米一〇俵、鳥目《ちょうもく》一〇貫文《かんもん》などをあたえられている。このうち四件は、当人以外も褒賞されており、2の三之丞は、悴《せがれ》の庄《しょう》兵衛《べえ》五五歳と妻そよ三七歳の夫婦の孝心が賞され、21の九兵衛は、悴岩次郎《がんじろう》の孝心が奇特とされ、それぞれ褒美として鳥目一〇貫文をくだされている。家族の支えはたたえるべき善行とされ、高齢者への褒賞とあわせて賞されたのである。庄兵衛については、地主《じぬし》の八幡別当放生寺《べっとうほうしょうじ》が、老父一代のあいだ地代を免除するという、特別なはからいもみられた。さらに1の長右衛門は、相店《あいだな》で暮す取上婆《とりあげばあ》よしと、家主の六左衛門《ろくざえもん》が「御誉《おほめ》」となり、17の善悦については、本《ほん》郷菊坂台町《ごうきくさかだいちょう》良助店《りょうすけだな》の久次郎《きゅうじろう》と妻きんの夫婦が、火事で焼け出された善悦を引き取って世話をしてきたことが奇特な行いであるとして、銀五枚を下賜されている。それぞれ一〇〇歳を超えて身寄りのない者たちを、裏店《うらだな》に暮す者同士の縁で扶助していたことが称揚されたのである。7の篤承は道心者で、唯一単独での褒賞である。

一方、二一件の褒賞のうち一六件は、高齢者を養い介護する忰や嫁、娘、養女、孫たちが、褒賞の主体である。いずれも貧窮の暮しのなかにあって、実親や養父母の老後を心身ともに支えている行為が奇特とされ、銀三枚ないし五枚を下賜《かし》されている。16のたよの場合は、奉公人であった栄助《えいすけ》が養子となって、たよの面倒をみており、血縁ではない者の忠孝という善行が賞されている。高齢者当人は、家族や奉公人の孝心を事由に褒賞されており、大半は一日米五合を生涯の老養扶持として支給され、最晩年の生活の保障をえたのである。

以上みてきたように、十八世紀の末以降、江戸の高齢者褒賞は、当人の長寿をたたえるだけでなく、長寿を支える家族や、近隣の努力を称揚する幕府の方針が前面にあらわれている。長寿を褒賞されているのは九〇歳以上の超高齢者に限られ、褒賞の大半は家族をはじめ、周囲の者の孝行がともなうことで、高齢者も褒賞の対象とされたのである。表8は高齢者に対して扶持や金銭が下賜された事例のみを抽出しており、八〇歳以上の高齢でありながら当人に扶持は下賜されず、家族が善行を褒賞されて米や金を支給された事例は、この三倍近い数にのぼる。

庶民家族の看取りの重圧

『官刻孝義録《かんこくこうぎろく》』▲をはじめ、各藩で蒐集・編纂された善行褒賞の記録から庶民の看取りの様相をうかがうと、大きく二つの問題をみいだせる。

第一に、看取りの態勢には階層による格差がある。『仙台孝義録』からは、夫婦がともに親の看取りにかかわる姿が看取できるが、奉公人などの労働力をかかえる富裕層では、夫と妻がともに介護に専従する例が多くを占めている。たとえば一七五二(宝暦《ほうれき》二)年に褒賞された梶尾《かじお》村名主《なぬし》六右衛門《ろくえもん》夫婦は、父の病気に際して、夫婦が交代で服薬や排泄の世話をしており、母が老いて病気のときは、名主職を子どもに委ねて母とともに別室で暮しながら、介護に専心している。家族数が多く奉公人の労働力も投入できる条件にありながら、当主夫婦がみずから親の看取りを担う姿が称揚されたのであり、夫婦ともの看取りへの関与は経済力を条件に可能であったのは確かである。これに対して、家族の手がたりず、使用人もいない中下層の家族の場合は、夫婦で介護と稼業を分担する

▼『官刻孝義録』　一七八九(寛政元)年、江戸幕府が幕領・藩領の別なく全国に褒賞事例の書上《かきあげ》提出を命じ、儒官らが編集して一八〇一(享和《きょうわ》元)年に版行。登載された善行者数は八六〇〇人余。このうち一割にあたる七五九件、九〇〇人余の事例について、「殊に勝れたる者」として褒賞にいたる事由を記した伝文がある。菅野則子校訂『官刻孝義録(全三巻)』(東京堂出版、一九九九年刊行)。同菅野一九九九を参照。

か、両方を交代で担うことになった。家長である夫が介護の中心となれば、妻に稼業の負担がかかる。したがって、稼業と介護役割を夫婦で交代する姿が多くを占めている。

第二に、長期にわたる看取りは、小経営の家族の生活を逼迫させた。介護のかたわら行う仕事は制限され、とくに単独で親の面倒をみる者は、家のまわりのわずかな土地の耕作と、賃仕事などの内職が中心となり、窮乏化を余儀なくされている。生活難と介護負担の重さは、看取る家族に結婚難や離婚、再婚の困難という、みずからの家族を形成しえない事態をも生み出していた。子どもの数が少なく、ほかに人手をえることのできない下層の家で、とりわけこうした傾向が生じており、また結婚難は女性以上に男性に顕著である。男性が単独で親をみる比率が高かったのは、跡取りの息子に親の扶養介護が一任されがちであったことを浮彫りにしている。貧窮家族の跡取り息子は、自身の家族をつくることができないまま、老いを迎えることになる。看取りによる家族形成の困難は、次世代の高齢の単身世帯を出現させることになった(妻鹿二〇〇八)。

幕府も藩も、家族の老いを献身的に看取った者を、孝行・貞節などの儒教徳目の範を示した者として、わずかな扶持や金銭をあたえて褒賞した。貧窮を訴え出た高齢者に対して、米や金を給与することもあり、前述したように九〇歳を超える長寿者には、年間の食い扶持として養老扶持を支給した藩も少なくない。だが、恒常的な高齢者福祉の対策がほどこされないなかで、小経営の家族は、老いの看取りに孤独に奮闘しなければならない状況に追いやられていた。

看取りの外部化

看取りの担い手の中心が家族であったのは、近親者による看取りをもっとも人倫にかなった行為であるとみる養老思想が背景にある。一方、財力のある上層の庶民や武家では、看取りを家族以外の者に委ねることもまれではなかった。

第一に、雇用する下男・下女らに、常時の付添いや、食事や服薬や排泄の世話などが、仕事として任された。前述した八戸藩遠山家の祖母の看取りでは、当主の庄太夫は、家内の下女一人を専従の看病人としており、病気が長引いて家内の人員で担いきれなくなると、知行地《ちぎょうち》の村からあらたに下女一人を呼びよせている。秋田藩士黒澤道興は、実兄岡本直江の看病に際して、自分のかわりに家来《けらい》を夜詰めの役割にだした日がある。

下男・下女による主人とその家族に対する看病は、忠義、忠孝という徳目で褒賞の対象となり、少なからず記録にとどめられてもいる。『官刻孝義録』に登載された会津若松《あいづわかまつ》城下の道場小路《どうじょうこうじ》町に住む塗師安右衛門《ぬりしやすえもん》下男市助《いちすけ》の例でみると、主家である安右衛門家の伯父と父親を、その生前、昼夜付き添って起臥の介助をし、飲食をととのえ、排便の世話までしている。その後、安右衛門の祖母が老いて中風をわずらい、手足が不自由なうえに心も病んだので、背負って温泉につれてゆき、草木や花などをみせるなどして慰安し、さらに祖母の没後に祖父が中風を病むと、神社仏閣の祭礼をみせるなどしている。市助は家産が傾きかけた主家から給金を受け取らずに奉公に励み、休日には山にはいり薪をとり、夜は主人の子どものために履物をつくるなどして、主家に誠心誠意つくしており、こうした忠節ぶりを一七六七(明和《めいわ》四)年、藩主から奇特な行為としてたたえられ、米をあたえられている(『官刻孝義録』中巻)。

住込みで働く下男・下女は、主人の家族の日常に奉仕する仕事の一つとして、病人や老衰者の世話を任されることがあった。市助の事例からは、いわゆる身体的な介護に携わっただけでなく、老いの看取りで重視された、心の平穏にもかかわっていた姿を看取できる。すべて主人の安右衛門の指示のもとに行われたものだろうが、本来的には近親者に求められた看取りの姿であり、役割である。だからこそ、家族と遜色のない下男・下女の看取りの働きは、主人に対する忠節、忠孝の行為として褒賞されたのである。

第二に、介護に専従する人員を臨時に雇いいれることがあった。幕臣の小野《おの》直賢《なおかた》▲の七八歳になる祖母が一七七三(安永二)年病に倒れた際、祖父と、当主であった直賢弟の甚蔵《じんぞう》、他家に養子にでていた叔父の藤右衛門《とうえもん》、および叔母の夫の桑原平兵衛《くわはらへいべえ》の四人で費用をだしあい、下男を給金三分で雇用している。氏家幹人氏によると、祖母の介護はふだんは同居の家族で行い、この人員でたりないときには、直賢の叔父や、従兄弟など男性親族が昼夜かよっていた。こうした介護の態勢にあって下男を雇いいれたのは、火事などの災害に際して祖母を無事に避難させるためには、さらに介護の男手が必要であると判断されたからであった(氏家一九九三)。家族・親族で対応していた場合であっても、必要に応じて人員を雇用する方策がとられたのである。

▼**小野直賢**　幕臣。広敷添番《ひろしきそえばん》の役職を最後に引退。一七四五(延享二)年から七三(安永二)年まで、幕府の示達《じたつ》や人事などの記事に加え、小野家の日々の生活を記録した日記「官府御沙汰略記」を残す。

第三に、看取りを地域の懇意の者に頼むという方法もとられていた。武州《ぶしゅう》橘樹《たちばな》郡生麦《なまむぎ》村（現、神奈川県横浜《よこはま》市）で代々名主役をつとめた関口《せきぐち》家では、天保年間（一八三〇〜四四）以降、幕末にかけて、家族の千恵《ちえ》が体調不良で寝込んだり、病床に就いた際（四六歳から六九歳の死没まで）、昼夜にわたり付ききりで世話をする「介抱人」として、村内の女性数人を呼んだ日がある（大口一九九八）。付添いは一日の夜伽《よとぎ》で終ることもあれば、数日間の逗留もある。彼女たちは、千恵の母や弟の病床にも呼ばれている。千恵が元気であったころに墓参に同行した者がおり、村内の商店の老母もいるので、日頃関口家の家族、なかでも女性たちと懇意の関係にあって、介抱の依頼があれば引き受けていたものだろう。当時の関口家には、家族のほか女中もおり、家内に介護を担える人員がたりないわけではなかった。だが関口家は、昼夜にわたる介抱の辛労を家内の者だけで背負わないように、日頃出入りしている女性たちに助力を頼んだのである。

以上みてきたように、上層の庶民や武家では、いわば看取りの外部化をはかるような人員態勢がとられることがあった。ただし家族や親族は、看取りの役割から身を引いていたわけではない。家長をはじめ各自のやるべきことを担ったうえで、家内の者や親族の負担を小さくする手段として、家の財力を外部からの人員確保に充当していたのである。それは家族の普段の暮しを維持するのに必要な方策でもあった。

孤老の看取りと地域

家の扶助機能としての老いの看取りは、これまでみてきたように、家族を中心に家内の人員のほか、時に外部の労働力も投入しながら実現されていた。一方、地域社会は、家族の縁にめぐまれずに単身で老いを生きる者の生存を支える役割をおっていた。独身のまま老いを迎えたり、老いて配偶者や子を亡くし、あるいは子や養子に去られて独り身となった者を看取ることは、五人組《ごにんぐみ》▲や村町などの共同体の扶助役割に委ねるのが、幕府と諸藩の基本的な方針であった。江戸時代中期以降、全国の村々に五人組帳の前文をとおして、家族のように和合の精神で独居の老人の世話をするように教諭され、強調されていく。だが、老衰が進行し、病気の床に就くようになった者を地域で長く看取ることは容易なことではない。そこで五人組や村は、当人の親族をさがすことができれば、

▼**五人組**　江戸幕府が町村につくらせた隣保組織。近隣の五軒ほどを一組とし、連帯責任で火災・盗賊・キリシタン宗門《しゅうもん》などの取締りや貢納確保・相互扶助にあたらせた。

引き取っての扶養と看取りを親族に託した。江戸時代の家は直系親族が中心メンバーであるが、高齢の伯父や伯母をかかえる家も幕末まで一貫してなくならない。それは、家の機能として近親者を養う役割が果たされていたことになる。親族の引取り扶養も困難である場合、五人組の費用負担により、菩提寺《ぼだいじ》が看取りを引き受けた例がある。寺院のホスピタリティー機能については事例の蓄積が必要であるが、江戸時代にあってその役割は注目されてよいだろう。

さらに、地域が介在して進めた方策の一つに、養子の入家がある。養子やその家族を世帯にいれ、高齢者をあらたな世代家族のなかで看取るという方法がとられた。養子の擁立は家を相続するための常套策であったが、それだけにとどまらず、独り身の高齢者があらたな家族のなかで生存を保障される手段として推進された側面も、みておく必要がある(柳谷二〇〇七、小椋二〇〇〇、川鍋二〇〇三)。

血縁によらない扶助システムは武士社会でも採られていた。米沢藩では一七八〇(安永九)年、藩士に対する看病断の制度を示達した「看病不参」の覚《おぼえ》のなかで、「親類ありといへとも老年或幼少等にて看病叶ひかたき(難)か又ハ親類絶てなきに至て組合・近類・朋友《ほうゆう》之内申合懇《ねんごろ》に看病して可遣事《つかわすべきこと》」という条項をいれている（「御代々御式目(三)」）。家族にかわり看取りを担うべき親類が老年や幼年で頼りにできない者や、親類もいない者を想定して、家臣同士の組織である五人組・十人組の組合や、近隣同士、朋友の交誼による看病を励行している。看病断の規定にこのように地縁や知遇による扶助にふれる条項を含めているのは、管見では米沢藩だけであるが、相続する家があり親族も少なくないとみられる武士身分にあっても、血縁を失い単身で暮す者が、この時期、藩が憂慮しなければならないほどに発生していたのである。

地域の縁をつなぐ

流動性の激しい都市の下層社会にあっては、相互扶助の地縁ネットワークを形成することは容易ではなかった。十七世紀末から十八世紀初頭の京都では、貧困や病気を苦にした下層民の老人の自殺があとを絶たなかった（菅原一九九四）。都市社会ゆえの生活の困難であった。大都市ばかりでなく、地方の城下町や宿場町《しゅくばまち》でも、相互扶助の関係性は弱かった。たとえば十八世紀半ば以降の二本松藩《にほんまつ》郡山《こおりやま》城下では、家族の縁にめぐまれずに老いを迎える者がふえ、村から城下にでた人びとが老後に戻って世話を受けようにも、帰る先を失い、無縁となるほかない現実が生まれていた(松本二〇〇〇)。

だが、都市社会のなかの人と人とのつながりは、消滅していたとはいえない。江戸の裏長屋《うらながや》には、前述のように、相店の縁にめぐまれて、まれな長寿を生き延びた者たちがいた。彼らの暮しに今一度、目を向けてみたい。一七九七(寛政九)年に一〇三歳の長寿を褒賞された麻布田島町《あざぶたじまちょう》の六左衛門店に住む長右衛門の場合は、同居の家族はいなかったが、同じ長屋に暮す取上婆のよしと、家主の六左衛門の二人が、長右衛門の日常を支えていた。よしと長右衛門は借家人同士、孤独の身をよせあって暮していたのであり、よしの助けがあって長右衛門は百賀を超える命を長らえていたのである。一八四七(弘化《こうか》四)年に一〇二歳の長寿で米一〇俵を下賜された善悦も、独り身であったが、本郷菊坂台町良助店の久次郎と妻きんの夫婦に引き取られて暮している。久次郎夫婦は、極老のうえに身寄りのない善悦を同じ長屋に住む縁で朝な夕なに世話をしていた。その後、長屋が火災に見舞われると、きんは善悦を背負い、久次郎はその家財道具を運びだして、難を逃れた。以来、生活が困窮したなかで、善悦を所帯に呼びよせて家族のように暮しをともにしたのである。

江戸時代は家の存続という命題のなかで、生きるよすがは家にあり、年老いて独り身となっても、家をもつ者であれば、親族や地域社会から養子の世話をしてもらうなど、家を存続させるための手段と一体化した生存の手立てがとられていた。一方、家産というべきものをもたない都市の下層民の社会にあっては、借家人同士たがいの生存を支えあうような暮しが、人としての営みとして再生産され続けていた。扶助の絆である。

最後となったが、幕府と藩の公権力による寄辺《よるべ》のない貧民に対する保護政策にもふれておこう。そうした対応の早い例が、享保改革のなかで開設された小《こ》石川《いしかわ》養生所▲である。老人を含めて、看病人のいない病苦の貧窮者に救済の手を差し伸べる施設であった。二本松藩では一七九二(寛政四)年、城下に御助け小屋を設置し、身寄りのない幼児や病人に加えて、孤独な老人を収容し、「成育掛かり」の支配下においた(小椋二〇〇〇)。公的な扶助が展開されはじめた時代であった。

▼**小石川養生所**　江戸の町医小《お》川笙船《がわしょうせん》の建議により幕府が一七二二(享保七)年、小石川薬園内に創設。江戸市中の極貧者や身寄りのない者の治療を無料で行った。町奉行の支配下に多くの医師と与《よ》力《りき》・同心《どうしん》らの役人が勤務し、幕末まで続いた。

倉地克直『日本の歴史11　徳川社会のゆらぎ』小学館, 2008年
菅野則子『江戸時代の孝行者―「孝義録」の世界―』吉川弘文館, 1999年
菅原憲二「老人と子ども」『岩波講座・日本通史13・近世３』岩波書店, 1994年
『東北大学法学部法政資料調査室研究資料』25, 東北大学法学部法政資料調査室, 1995年
『八戸藩遠山家日記(上)』青森県文化財保護協会, 1991年
『八戸藩遠山家日記　第二巻』八戸市, 2006年
松本純子「近世町方の『老い』と『縁』」『歴史』94号, 2000年
妻鹿淳子『近世の家族と女性―善事褒賞の研究―』清文堂出版, 2008年
柳谷慶子「介護役割とジェンダー」赤阪俊一・柳谷慶子編『ジェンダー史叢書８・生活と福祉』明石書店, 2010年
『米沢市史編集資料』第13号, 米沢市史編さん委員会, 1984年

●―写真所蔵・提供者一覧(敬称略, 五十音順)

武田陽・東根市教育委員会　p. 12, 13
鳥取民藝美術館　カバー表
土師高文・鳥取市歴史博物館　扉, p. 10, 14, 16, 17
文京ふるさと歴史館　カバー裏
山形大学附属博物館　p. 74
米沢市(上杉博物館)　p. 75, 96
早稲田大学図書館　p. 85
個人蔵　p. 76

して―」『女性史学』9, 1999年
棚橋久美子「幕末隠居女性の日常生活」藪田貫代表平成17～19年度科学研究費補助金研究成果報告書『近世日本における女性のライフサイクルと地域社会』2009年
『徳川禁令考　前集第二』創文社, 1959年
鳥取県立博物館編『女ならでは夜は明けぬ』鳥取県立博物館資料刊行会, 2006年
長島淳子『幕藩制社会のジェンダー構造』校倉書房, 2006年
『日本農書全集』第26巻, 農山漁村文化協会, 1983年
根津寿夫「徳島藩女性家臣団について」『「江戸の女性史」フォーラム：徳島』2006年
畑尚子『徳川政権下の大奥と奥女中』岩波書店, 2010年
森安彦『古文書が語る近世村人の一生』平凡社, 1994年
吉野真保編『嘉永明治年間録』上・下, 厳南堂書店, 1988年
『米沢市史編集資料』第21号, 米沢市史編さん委員会, 1988年
③老いを寿ぐ
『会津藩家世実記』第2巻, 吉川弘文館, 1976年
『秋田沿革史大成　下巻』加賀屋書店, 1973年
『秋田市史　第三巻 近世通史編』秋田市, 2003年
『秋田藩町触集(中)』未来社, 1971年
『上杉家御年譜九　治憲公(1)』米沢温故会, 1979年
大藤修『近世村人のライフサイクル』日本史リブレット39, 山川出版社, 2003年
『源貞氏耳袋』6巻,「源貞氏耳袋」刊行会, 2007年
『新訂増補国史大系・徳川実紀』第1～10篇, 吉川弘文館, 1981～82年
『新訂増補国史大系・続徳川実紀』第1～4篇, 吉川弘文館, 1982年
『新編 弘前市史』通史編3近世2, 弘前市, 2003年
『菅江真澄全集　第一巻』未来社, 1971年
『菅江真澄全集　第三巻』未来社, 1972年
『徳川禁令考』前集第五, 創文社, 1959年
『新津市史　資料編第三巻 近世二』新津市, 1990年
『福島県史　第十巻下 資料編五下 近世資料四』福島県, 1968年
『松蔭日記』岩波書店, 2004年
安田政彦「律令制下の高齢優遇について」『延喜式研究』7号, 1992年
④老いを看取る
秋田市立佐竹史料館編『黒澤家日記解読資料集　黒澤家日記』1～12巻, 2000～11年
『石井忠運日記(四)』(第2期新秋田叢書第7巻)歴史図書社, 1974年
氏家幹人『小石川御家人物語』朝日新聞社, 1993年
大口勇次郎「『御殿伯母』関口千恵の生と死」横浜開港資料館ほか編『日記が語る19世紀の横浜』山川出版社, 1998年
小椋喜一郎「近世会津藩にみる公的救済の思想とその実態」東京ＹＭＣＡ国際福祉専門学校『研究紀要』創刊号, 1997年
川鍋定男「江戸時代, 隠居・老人の扶養と村・地域社会」神奈川大学日本経済史研究会編『日本地域社会の歴史と民俗』雄山閣出版, 2003年
『渋江和光日記』第1巻, 秋田県, 1996年

●―参考文献

全体にかかわるもの

大竹秀男「江戸時代の老人観と老後問題」比較家族史学会監修『老いの比較家族史』三省堂, 1990年

新村拓『老いと看取りの社会史』法政大学出版局, 1991年

柳谷慶子『近世の女性相続と介護』吉川弘文館, 2007年

①老いへのまなざし

『源貞氏耳袋』6巻,「源貞氏耳袋」刊行会, 2007年

須田圭三『飛驒O寺院過去帳の研究』私家版, 1973年

盛岡市中央公民館編『盛岡藩雑書』第六巻, 盛岡市教育委員会, 1992年

②老いを生きる

『阿波国上田美寿日記』清文堂史料叢書107, 清文堂出版, 2001年

氏家幹人『江戸藩邸物語』中公新書, 中央公論社, 1988年

氏家幹人『殿様とねずみ小僧』中公新書, 中央公論社, 1991年

大石学『大岡忠相』人物叢書, 吉川弘文館, 2006年

大岡家文書刊行会編『大岡越前守忠相日記　下』三一書房, 1975年

大口勇次郎『女性のいる近世』勁草書房, 1995年

大口勇次郎『ちがさきと大岡越前守』茅ヶ崎市史ブックレット12, 茅ヶ崎市, 2010年

太田富康「名主家日記にみる女性の外出」『交通史研究』27号, 1991年

小川恭一編著『寛政譜以降旗本家百科辞典』東洋書林, 1998年

小椋喜一郎「日本近世における『老い』の諸相」『歴史評論』608号, 2000年

『尾花沢市史資料　第十二輯 鈴木八右衛門家文書』尾花沢市史編纂委員会, 1989年

『甲子夜話三篇１』東洋文庫413, 平凡社, 1982年

『勝海舟全集』10〔吹塵録Ⅴ〕勁草書房, 1978年

熊沢徹「幕府軍制改革の展開と挫折」坂野潤治ほか編『日本近現代史』一, 岩波書店, 1993年①

熊沢徹「幕末維新期の軍事と徴兵」『歴史学研究』651号, 1993年②

『御用格(寛政本)』上・下巻, 弘前市, 1991年

『御用格(第一次追録本)』上・下巻, 弘前市, 1993年

『御用格(第二次追録本)』弘前市, 2002年

『御用格(第三次追録本)』弘前市, 2002年

『寒河江市史編纂叢書』第49集, 寒河江市教育委員会, 1994年

『寒河江市史編纂叢書』第53～55集, 寒河江市教育委員会, 1997年

桜井由幾「近世農民家族における老人の地位」『歴史評論』565号, 1997年

柴桂子『近世おんな旅日記』吉川弘文館, 1997年

柴桂子『近世の女旅日記事典』東京堂出版, 2005年

『図説 山形県史』山形県, 1988年

関民子『只野真葛』吉川弘文館, 2008年

高木侃「高齢者の自助精神」『老いの相生』専修大学出版局, 2006年

竹内誠・深井雅海・太田尚宏・白根孝胤編『徳川幕臣人名辞典』東京堂出版, 2010年

棚橋久美子「草の根女性俳人とそのネットワーク―幕末期阿波藩上田美寿を例と

日本史リブレット92
江戸時代《えどじだい》の老《お》いと看取《みと》り
2011年10月20日　1版1刷　発行
2021年9月5日　1版4刷　発行
著者：柳谷慶子《やなぎやけいこ》
発行者：野澤武史
発行所：株式会社 山川出版社
〒101−0047　東京都千代田区内神田1−13−13
電話 03(3293)8131(営業)
03(3293)8135(編集)
https://www.yamakawa.co.jp/
振替 00120-9-43993
印刷所：明和印刷株式会社
製本所：株式会社 ブロケード
装幀：菊地信義

Printed in Japan ISBN 978-4-634-54704-9

日本史リブレット　第Ⅰ期［68巻］・第Ⅱ期［33巻］　全101巻

1 旧石器時代の社会と文化
2 縄文の豊かさと限界
3 弥生の村
4 古墳とその時代
5 大王と地方豪族
6 藤原京の形成
7 古代都市平城京の世界
8 古代の地方官衙と社会
9 漢字文化の成り立ちと展開
10 平安京の暮らしと行政
11 蝦夷の地と古代国家
12 受領と地方社会
13 出雲国風土記と古代遺跡
14 東アジア世界と古代の日本
15 地下から出土した文字
16 古代・中世の女性と仏教
17 古代寺院の成立と展開
18 都市平泉の遺産
19 中世に国家はあったか
20 中世の家と性
21 武家の古都、鎌倉
22 中世の天皇観
23 環境歴史学とはなにか
24 武士と荘園支配
25 中世のみちと都市
26 戦国時代、村と町のかたち
27 破産者たちの中世
28 境界をまたぐ人びと
29 石造物が語る中世職能集団
30 中世の日記の世界
31 板碑と石塔の祈り
32 中世の神と仏
33 中世社会と現代
34 秀吉の朝鮮侵略
35 町屋と町並み
36 江戸幕府と朝廷
37 キリシタン禁制と民衆の宗教
38 慶安の触書は出されたか
39 近世村人のライフサイクル
40 都市大坂と非人
41 対馬からみた日朝関係
42 琉球の王権とグスク
43 琉球と日本・中国
44 描かれた近世都市
45 武家奉公人と労働社会
46 天文方と陰陽道
47 海の道、川の道
48 近世の三大改革
49 八州廻りと博徒
50 アイヌ民族の軌跡
51 錦絵を読む
52 草山の語る近世
53 21世紀の「江戸」
54 近代歌謡の軌跡
55 日本近代漫画の誕生
56 海を渡った日本人
57 近代日本とアイヌ社会
58 スポーツと政治
59 近代化の旗手、鉄道
60 情報化と国家・企業
61 民衆宗教と国家神道
62 日本社会保険の成立
63 歴史としての環境問題
64 近代日本の海外学術調査
65 戦争と知識人
66 現代日本と沖縄
67 新安保体制下の日米関係
68 戦後補償から考える日本とアジア
69 遺跡からみた古代の駅家
70 古代の日本と加耶
71 飛鳥の宮と寺
72 古代東国の石碑
73 律令制とはなにか
74 正倉院宝物の世界
75 日宋貿易と「硫黄の道」
76 荘園絵図が語る古代・中世
77 対馬と海峡の中世史
78 中世の書物と学問
79 史料としての猫絵
80 寺社と芸能の中世
81 一揆の世界と法
82 戦国時代の天皇
83 日本史のなかの戦国時代
84 兵と農の分離
85 江戸時代のお触れ
86 江戸時代の神社
87 大名屋敷と江戸遺跡
88 近世商人と市場
89 近世鉱山をささえた人びと
90 「資源繁殖の時代」と日本の漁業
91 江戸の浄瑠璃文化
92 江戸時代の老いと看取り
93 近世の淀川治水
94 日本民俗学の開拓者たち
95 軍用地と都市・民衆
96 感染症の近代史
97 陵墓と文化財の近代
98 徳富蘇峰と大日本言論報国会
99 労働力動員と強制連行
100 科学技術政策
101 占領・復興期の日米関係